驱动力丛书

数字时代的用户创新

（Eric von Hippel）
[美] 埃里克·冯·希普尔——著

陈劲　王楠——译

Free Innovation

机械工业出版社
CHINA MACHINE PRESS

埃里克·冯·希普尔以提出"用户创新"理论而知名。在这本书里，作者通过对美国、日本、芬兰等6个国家民间创新研究的调查，提出了"用户创新"的概念，即由消费者和最终用户，而不是生产商发展出的创新。在传统理念中，生产商创新占据了市场的主导，然而，随着"创客空间"的普及、互联网工具的便捷化和沟通成本的降低，越来越多的民间高手从个人需求出发，自己负担创新成本，动手改进已有的技术与方法，并且无偿将自己的创新推广给其他人。与此同时，越来越多的企业借鉴用户创新者的创意，结合自己在生产和加工方面的优势，成功推出了新的商业产品和解决方案。这本书是在作者30年研究成果的基础上完成的，很多公司运用这个理念取得了巨大的商业成功。

北京市版权局著作权合同登记　图字：01-2023-0501号。

图书在版编目（CIP）数据

数字时代的用户创新 / （美）埃里克·冯·希普尔（Eric von Hippel）著；陈劲，王楠译.—北京：机械工业出版社，2024.1

（驱动力丛书）

书名原文：Free Innovation

ISBN 978-7-111-75012-3

Ⅰ.①数…　Ⅱ.①埃…　②陈…　③王…　Ⅲ.①企业创新—研究　Ⅳ.①F273.1

中国国家版本馆CIP数据核字（2024）第046978号

机械工业出版社（北京市百万庄大街22号　邮政编码100037）

策划编辑：李新妞　　　　　责任编辑：李新妞　侯春鹏
责任校对：肖　琳　张　征　责任印制：张　博
北京华宇信诺印刷有限公司印刷
2024年4月第1版第1次印刷
169mm×239mm·14.25印张·1插页·182千字
标准书号：ISBN 978-7-111-75012-3
定价：98.00元

电话服务　　　　　　　　　　网络服务
客服电话：010-88361066　　　机 工 官 网：www.cmpbook.com
　　　　　010-88379833　　　机 工 官 博：weibo.com/cmp1952
　　　　　010-68326294　　　金 书 网：www.golden-book.com
封底无防伪标均为盗版　　机工教育服务网：www.cmpedu.com

丛书序

科技创新是企业的一项重要活动，对实现"产品卓越、品牌卓著"具有重要的作用。科技创新又是一项充满失败风险的活动，只有少数新技术能够被成功地转化为新产品及服务，并实现真正的价值创造。正如哈佛商学院杰出的管理学者坎特所揭示的，许多企业在提出加强创新工作的豪言壮语后并没有获得预期的效果，其主要原因是战略不当、新业务和传统业务冲突、管理流程控制过严以及领导力和沟通氛围不佳。所以，一方面创新是企业竞争力之源，另一方面科技与创新管理不同于常规的经营管理，其过程困难重重而且充满风险，极易面临克里斯坦森式的"创新困境"。企业需要掌握更为先进的管理知识及一整套的更精致的管理技巧，如战略与技术管理的融合、二元型组织的建设、创新管理体系的规划与落实等。

党的二十大报告指出，强化企业科技创新主体地位，发挥科技型骨干企业引领支撑作用，推动创新链、产业链、资金链、人才链深度融合。驱动力丛书以党的二十大精神为指引，以"国际经典+本土原创"两个细分产品品类组合形成高水平成果。第一阶段以引进版为主，围绕"科技管理"主题，系统引进、翻译国外科技管理领域的经典著作，不断向广大读者推介科技管理这一领域的优秀成果；之后第二阶段以本土原创精品为主，体现中国自主的科技与创新管理的研究成果与最佳实践，进一步促进经济高质量发展，推动现代化产业体系建设，培育世界一流创新企业，形成源自"科技与创新管理"理论与方法体系的强大驱动力。

陈劲

清华大学经济管理学院教授

教育部人文社会科学重点研究基地清华大学技术创新

研究中心主任

2023 年 11 月 15 日

译者序

在数字时代，用户创新显得愈发重要。冯·希普尔教授作为这一领域的权威专家，为我们揭示了数字时代用户创新的重要性及其深远影响。如今，这部著作终于得以引入国内，身为译者，倍感荣幸之际，亦深知自身责任重大。

冯·希普尔认为，用户创新在数字时代具有举足轻重的地位及广阔的发展前景。基于此，他首次发现并系统地提出了用户创新理论，这一理论在西方学术界和企业界得到了广泛的重视和应用。同时，冯·希普尔在用户创新领域的研究与贡献涵盖了理论、实践和政策等多个方面，这些研究均对数字时代的用户创新提供了重要的理论支持和实践指导。本书构建了数字时代背景下的用户创新范式，提出了未来研究展望与发展策略，将有助于学者更加清晰地理解数字时代如何发展用户创新，社会大众如何实践用户创新，政府企业如何促进用户创新，以促进社会福利的提升和人类繁荣的发展。

随着中国经济的迅猛发展和数字化进程的加速，用户创新已逐渐成为推动社会进步的重要力量。在数字时代背景下，用户创新为企业提供了宝贵的理论支撑和实践指导，有力地推动了经济的创新发展。因此，冯·希普尔关于用户创新的理念在当下具有不可估量的价值。通过借鉴和运用这些理论研究，我们能够更好地推动用户创新的发展，加速实现经济转型和创新驱动的可持续发展。

在完成这部译著的过程中，我们遇到了许多挑战。如何准确传达原文的含义，如何在保留原文思想的基础上使语言更符合中文的表达习惯，都是需要思考和解决的问题。在此过程中，我们得到了众多学者的帮助和支持。感谢谢文萱博士、孔燕妮硕士、郝亚硕士、闵语涵硕士、潘珊硕士、唐子涵硕士、杨紫彤硕士、闫瑜鸿硕士、郭家良硕士、耿佳悦硕士、余萌洁硕士、朱静怡硕士与吴自萌学士，是你们的辛勤付出让这部作品得以呈现在读者面前。

作为译者，首先，我们希望通过这部作品来让更多的读者了解冯·希普尔教授提出的用户创新在数字时代的意义与价值；其次，我们也希望这部作品能够为数字时代下中国用户创新理论的发展提供启示与借鉴。同时，我们也感谢每一位读者对于这部作品的关注和支持。

我们相信，在数字时代的浪潮中，用户创新将继续发挥其巨大的潜力，推动社会的发展和进步。

目 录

Free Innovation

第一章

用户创新概述

在这本书中，我将新的理论和研究成果整合到"用户创新范式"的框架中。用户创新是由消费者开发并作为"免费商品"赠送的创新，从而改善社会福利，它本质上是一个简单且无交易的、并由数千万人参与的基层创新过程。正如我们将看到的，用户创新具有非常重要的经济影响，但从参与者的角度来看，它从根本上与金钱无关。

可将用户创新定义为用户对功能新颖的产品、服务或流程的创新，它具有以下特征：①由用户在无偿的可自由支配时间内以私人成本开发（也就是说没有人花钱聘请他们）；②其成果不受任何开发人员保护，因此任何人都可能免费获取。在用户创新的发展和传播过程中，没有发生有偿交易。

以下为参考例子：

Jason Adams 白天是一位业务发展主管，一位专业的分子生物学家，他从没想到自己会成为一名黑客，直到当他发现了一种可以远程检测 8 岁女儿血糖水平的未经临床验证的方法，情况发生了改变。

他的女儿 Ella 患有 1 型糖尿病，须随身佩戴 Dexcom 公司生产的血糖监测器。该设备每五分钟测量一次她的血糖，数值显示在附近一个呼叫机大小的接收器上。这台机器在监测 Ella 的血糖峰值和潜在致命的血糖下降方面起着关键的作用。但它不能将数据传输到互联网上，这意味着 Adams 从来不会送 Ella 去别人家过夜，因为他担心女儿可能会在夜间陷入昏迷。

后来Adams发现了NightScout系统，这是一套由一群软件工程师拼凑而成的系统，其中很多人的孩子都患有糖尿病，他们对当前技术的局限性感到沮丧。这一由他们开发的开源系统可以侵入Dexcom设备并将其数据上传到互联网，这让Adams可以在他的Pebble智能手表上远程看到Ella的血糖水平。NightScout是由家住纽约利沃尼亚（Livonia）的John Costik开发的，他是Wegmans连锁超市的软件工程师。在2012年，他4岁的儿子Evan被诊断为1型糖尿病。这位两个孩子的父亲购买了Dexcom连续血糖监测系统，该系统通过皮肤下一个头发那么粗的传感器来测量血糖水平。他对在工作时不能监测Evan的血糖数据而感到不满，因此开始了研究。

去年5月14日，他在推特上发布了一张他的解决方案的照片：用他自己开发的软件、一根价值4美元的电缆和一部安卓手机，将Dexcom接收器的数据上传到互联网上。

这条推特引起了美国其他工程师的关注。其中一位是拥有炼油厂和化工厂控制系统背景的工程师Lane Desborough，他的儿子同样患有糖尿病。Desborough设计了一个用于显示血糖监测仪数据的家庭显示系统，并将其称为"NightScout"。但他的系统无法连接到互联网，在与Costik的软件合并之后，才有了今天使用的系统。

用户通过Adams建立的Facebook群组与其他用户和开发者保持联系。如今该群组已有超过6800位成员。开发人员会在出现错误时进行修复，并通过更新软件，增加了短信报警和访问控制等功能。（Linebaugh，2014）

用户创新是在国民经济的"家庭部门"进行的。与企业或政府部门相比，家庭部门是经济中的消费人口，简言之，消费人口包括所有人，所有消费者，所有居民家庭，每个家庭由一个或一群人组成（OECD，2013，44）。家庭生产是指"家庭成员使用自己的资本和自己的无偿劳动生产商品和服务，以供自己消费使用"（Ironmonger，2000，3）。因此，用户创新是家庭生产的一种形式。

当没有人为他们的劳动或他们自由开发的创新设计支付报酬时，个体消费者如何证明投资于用户创新的发展是合理的？正如我们所见，家庭部门的用户创新者会实现自我激励。当个人使用自己的创新成果时，从使用中获取的利益会帮助个人实现自我激励（von Hippel，1988，2005）。当个人从发展创新的乐趣和学习或来自利他主义的良好感觉中受益时，他们同样实现了自我激励（Raasch 和 von Hippel，2013）。

上述所提到的"NightScout"项目说明了自我激励的几种类型。从所给叙述中，我们可以看到，许多参与者从个人或家庭使用他们参与开发的创新中获得了直接的自我激励。许多人还获得了其他形式的高激励自我回报，比如愉悦感和学习，可能还获得了强烈的利他主义满足感，因为他们免费公开了自己的项目设计，以帮助众多糖尿病儿童。

由于其自我激励的性质，用户创新不需要补偿交易来奖励消费者为发展其创新所投入的时间和金钱。（补偿交易涉及明确的补偿性财产交换——也就是说，双方基于特定性的交换。参见 Tadelis 和 Williamson，2013；Baldwin，2008）因此，用户创新从根本上不同于生产商创新，后者的核心是补偿交易。除非生产商能够保护他们的创新不受竞争对手的影响，并且能够通过有偿交易出售副本获利，否则他们就无法从他们在创新发展方面的私人投资中获利（Schumpeter，1934；Machlup 和 Penrose，1950；Teece，1986；Gallini 和 Scotchmer，2002）。

由于个人能够获得越来越强大的设计和交流工具，用户创新正稳步成为生产商创新的强大竞争对手和补充（Baldwin 和 von Hippel，2011）。即使在今天，用户创新在规模和范围上都非常重要。仅在迄今调查的六个国家中，就发现家庭部门中的数千万个人每年在时间和物资上总计花费数百亿美元来开发自己使用的产品（von Hippel，de Jong 和 Flowers，2012；von

Hippel，Ogawa 和 de Jong，2011；de Jong，von Hippel，Gault，Kuusisto 和 Raasch，2015；de Jong，2013；Kim，2015）。超过90%的人同时满足用户创新的标准：①在没有报酬、自由支配的时间里进行创新；②没有保护自己开发的设计来防止别人免费采用。其余的人都是家庭部门中有抱负的企业家，他们的动机至少在一定程度上是为了推销自己的创新成果。

用户创新为家庭部门创新者提供了巨大的价值，其形式包括上述自我激励的具体形式，以及与个人参与创新活动相联系的普遍"人类繁荣"的形式（Fisher，2010；Samuelson，2015）。正如我们将看到的，相对于只有生产商创新的世界，它还普遍地增加了社会福利和生产商利润（Gambardella，Raasch 和 von Hippel，2016）。基于上述原因，用户创新很值得我们去更好地了解。

用户创新与生产商创新范式

用户创新与生产商创新有着本质上的不同，两者不能被整合到一个单一的范式中。因此，在本节中，我提出并描述了一种新的用户创新范式，并将其与传统的熊彼特生产商创新范式进行了对比。图1-1描述了这两种范式以及它们之间的相互作用。每一种范式都描述了国民经济中创新活动的一部分。

一般而言，用户创新范式中的开发活动是专注于家庭消费的创新产品和服务类型，而不是企业。这占国内生产总值（GDP）的很大一部分：在美国以及其他经济合作与发展组织（OECD）国家，国内生产总值的60%~70%用于家庭部门最终消费的产品和服务（BEA，2016；ECD，2015）。相比之下，生产商创新范式中的创新发展活动致力于满足消费者和工业产品和服务的需求。

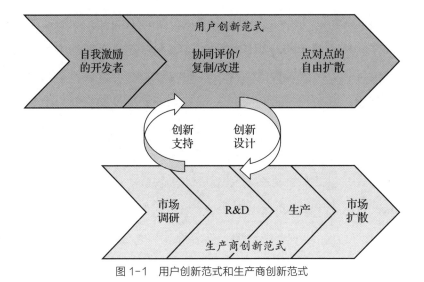

图 1-1　用户创新范式和生产商创新范式

正如我们将看到的，两种范式的输出在某些方面是互补的，在另一些方面是竞争的（Baldwin，Hienerth 和 von Hippel，2006；Baldwin 和 von Hippel，2011；Gambardella，Raasch 和 von Hippel，2016）。

用户创新范式

用户创新范式由图 1-1 上半部分所示的宽箭头表示。在箭头的左边，我们看到家庭部门的消费者把他们的无偿的自由时间花在开发新产品和服务上。自由支配时间可以看作"不受义务和需要支配的时间"（OECD，2009，20），花在那些"如果我们不愿意，就完全不必去做"的活动上（Burda，Hamermesh 和 Weil，2007，1）。学者们注意到了当消费者增加用于一系列生产用途的自由支配时间时生产商和社会可获得的潜在价值（Von Ahn 和 Dabbish，2008；Shirky，2010）。创新显然存在于这些生产性用途中，我们将在后面详细介绍。

从图1-1中用户创新箭头的位置（其起点比生产商箭头更靠左）可以看出，对于具有新颖功能的创新产品有个人需求的个体或协同创新者通常比生产商更早开始开发工作——他们是先驱者。因为在最初时对真正新颖的产品和服务的总体需求程度往往相当不明确。一般的需求与个体用户创新者无关，他们只关心自己的需求和他们亲身了解的其他形式的自我激励。相反，生产商非常关心潜在市场的范围和性质，正如生产商箭头向右所指，他们往往等待市场信息出现后才开始自己开发（Baldwin，Hienerth和von Hippel，2006）。

如果除了最初的开发人员，还有人对一项创新有兴趣，那么其他人可能会对初始设计做出改进，如用户创新范式箭头中心所示。这种模式在前面介绍的"NightScout"示例中可以看到，在开源软件开发项目中也很常见（Raymond，1999）。因此，在NightScout项目中，许多有兴趣帮助1型糖尿病儿童的人挺身而出，加入到项目发起者中。

最后，不受保护的设计信息可能会通过点对点的方式向搭便车者自由扩散，如用户创新范式箭头右端所示。（搭便车者是指那些从一项创新中受益，但没有为其发展做出贡献的人。从这个意义上说，他们"搭了顺风车"。）同样，在NightScout项目中可以清楚地看到创新向搭便车者扩散的模式。

需要注意的是，用户创新者通常免费提供设计信息，而不是免费提供实物产品的副本。在产品或服务本身包含信息的情况下——例如软件，创新的设计可以看作与可用的产品本身相同。在有形产品的情况下——比如扳手或汽车，创新的是设计"配方"，在使用之前必须转换成实物形式。在自由的点对点扩散中，这种转换通常是由采用者个人完成的——每个采用者为了使用它而自费创建一个该免费设计的物理实现渠道。然而，这并不是一个严格的规定。有时，受利他主义或其他形式的自我激励，用户创新者确实会制造免费实体副本，送给搭便车者。例如，全球范围的e-Nable网络。这个网络的创始人为手部残疾的儿童和成人开发了便宜的3D打印人工手的开源设计。拥有3D打印机的网络成员贡献了他们的时间来根据个人需求定制免费的手部设计，也捐赠了他们的个人打印机的使用权限来免费生产副本（Owen，2015）。

生产商创新范式

长期以来确立的生产商创新范式以生产商进行的开发和扩散活动为中心。该范式活动的基本顺序如图1-1下方的箭头所示。从箭头的左到右，我们看到逐利企业首先通过获取未满足需求的信息来识别潜在的盈利市场机会。然后，企业投资于研发，设计一种新的产品或服务来捕捉这种机会。接下来，企业生产创新产品并在市场上销售。与家庭部门创新者形成鲜明对比的是，生产商的创新活动不是自我激励的：生产商通过与他人的有偿交易获得利润，以此作为激励。（当然，公司内部的员工可能会发现他们的工作对自己有自我激励。这有时可以反映在他们的工资上。长期以来，劳动经济学认为，针对更有吸引力的工作，企业可以支付较低的工资。详见Smith，1776，111；Stern，2004。）

生产商创新范式可以追溯到约瑟夫·熊彼特（Joseph Schumpeter），他在1912年至1945年之间提出了一个创新理论，在这个理论中，逐利的企业家和企业发挥了核心作用。熊彼特认为，"一般来说，是生产商发起了经济变革，如果有必要，消费者会接受生产商的教育"（1934，65）。这一论点背后的经济逻辑是，生产商通常希望将开发创新产品的成本分配给许多消费者，每个消费者购买一份或几份。相比之下，个人或合作的用户创新者只依靠他们自己在内部使用的创新和其他类型的自我激励来证明他们在创新发展方面的投资是合理的。从表面上看，一个服务于众多消费者的生产商比任何一个独立的用户创新者都有能力在开发一项创新上投入更多的资金，因此想必生产商可以做得更好。按照这种逻辑，家庭部门的个人必须只是"消费者"，他们只能在生产商选择创造的创新产品中进行选择和购买。毕竟，如果生产商可以为消费者创新，消费者为什么还要自己创新呢？

时至今日，熊比特的观点和生产商创新范式仍被经济学家、商人和政策制定者广泛接受。60年后，Teece（1996，193）附和熊比特："在市场经济中，商业公司显然是新产品和新工艺开发和商业化的主要参与者。"类似地，Romer（990，S74）将生产商创新视为其内生增长模型中的规范："绝大多数设计源自于利润最大化的私营企业的研发活动。"Baumol（2002，35）将生产商创新置于他的寡头竞争理论的中心："在美国工业的主要部门中，创新作为企业用来对抗竞争对手的工具已经变得越来越重要。"生产商创新范式的细节随着时间的推移发生了变化，有显著意义的生产商创新一度被视为始于基础研究的进步（Bush，1945；Godin，2006）。后来，对创新历史的研究表明，往往没有明确界定的研究事件开启了重要的创新——尽管"技术优先"的创新确实存在，并且很重要（Sherwin和Isenson，1967）。再后来，有研究认为，在所谓的"链环"创新模式中，研究结果渗透到创新的各个阶段（Kline和Rosenberg，1986）。今天，许多人会认为，尽管研究投入确实很重要，但生产商的创新项目更多地是由发现未满足的需求触发的。因此市场营销的口号是"找到需求，满足需求"。与此观点一致，目前生产商管理创新的方法一般遵循图1-1所示的市场需求驱动版本的生产商范式（Urban和Hauser，1993；Ulrich和Eppinger，2016）。

最后，在对比这两种范式时，我注意到，在扩散模式方面用户创新的定义与生产商创新的"官方"定义是不同的。正如我在本章开头所说，用户创新被定义为免费扩散的创新。相比之下，在经济合作与发展组织内部，政府统计数据中包含的创新的定义要求其被引入市场："创新的一个共同特征是它必须被实施。一种新的或改进的产品在上市时即被实施。"(*Oslo Manual*，2005，paragraph 150)。(需要注意的是，这两个定义的重点都是扩散的可用性。没有要求任何人实际采用市场之外的用户创新，或者实际购买已经引入市场的生产商创新。)

我认为，在互联网时代，经济合作与发展组织以生产商为中心的限制性定义，即创新必须"引入市场——提供销售"已经过时了。如今，也有可能让用户创新独立于市场进行广泛扩散，通常是通过互联网。例如，"NightScout"的创新通过基于互联网的自由扩散被广泛传播到市场之外。开源软件和开源硬件通常以同样的方式传播。通过当前以市场为中心的定义，将用户创新排除在政府统计数据之外，扭曲了我们对创新过程的理解。更新经济合作与发展组织的定义是很重要的，也有人呼吁这样做(Gault，2012)。

范式之间的相互作用

用户创新范式和生产商创新范式之间有四种重要的相互作用(Gambardella，Raasch 和 von Hippel，2016)。

首先，两种范式可以同时为潜在的采用者提供相同或相似的创新设计。例如，Apache 开发社区提供了免费的点对点 Web 服务器软件，同时微软也提供了商业上的替代软件。在这种情况下，通过用户创新范式的点对点扩散，可以与生产商在市场上销售的产品和服务竞争。这一竞争的程度是激烈的。在刚才提到的具体案例中，2015 年 38% 的互联网网站使用 Apache 免费 Web 服务器软件。微软排名第二，28% 的网站使用其商业服务器软件(Netcraft.com，2015)。来自点对点自由扩散的替代品的竞争，可以迫使生产商降低价格，从而增加社会福利。它还可以推动生产商采取具有社会价值的其他形式的竞争对策，例如提高质量或增加创新发展投资。

其次，通过用户创新范式获得的用户创新可以补充通过生产商创新范式扩散的创新。免费补充对消费者和生产商都非常有价值，这使得生产商能够专注于销售商业上可行的产品，而用户创新者则填补有价值甚至必不可少的补充设计。例如，一辆专业的山地自行车对于一个没有学习专业山地车技术的骑行者来说没有特别的价值。生产商发现生产和销售专业山地自行车作为商业产品是可行的，但很大程度上依赖于专业骑行者在免费范式内创新，创造和传播骑行技术作为免费补充。也就是说，使用者通常通过结合自我练习和由更专业的同行免费提供的非正式指导来学习新的山地自行车技术。

然后，从图 1-1 中右侧向下的箭头可以看出，由用户创新者开发的设计可能会影响生产商，并成为有价值的商业产品的基础。例如，山地自行车本身的设计和许多改进都是自行车爱好者自行开发的（用户创新）。用户创新者没有对这些设计施加保护，它们被自行车生产公司免费采用（Penning，1998；Buenstorf，2003）。正如我们将看到的，采用用户创新者的设计可以大大降低生产商的内部开发成本（Baldwin，Hienerth 和 von Hippel，2006；Franke 和 Shah，2003；Jeppesen 和 Frederiksen，2006；Lettl，Herstatt 和 Gemuenden，2006）。

最后，我们从图 1-1 左侧向上的箭头中可以看到，生产商也为用户创新者提供有价值的信息和支持。例如，电子游戏开发公司 Valve Corporation 提供了 Steam Workshop，这是一个公司赞助的网站，旨在支持玩家的创新。该网站包含的工具可以让这些人更容易地对游戏进行修改和改进，并与其他玩家分享。支持免费用户创新的投资，如 Valve 对 Steam Workshop 的投资，可以通过增加用户创新者创造的具有商业价值的设计而让生产商受益（Gambardella，Raasch 和 von Hippel，2016；Jeppesen 和 Frederiksen，2006；von Hippel 和 Finkelstein，1979）。

用户创新范式的必要性

Thomas Kuhn将科学范式定义为"在一段时间内,为研究人员群体提供模型问题和解决方案的普遍公认的科学成就"(1962,viii)。拥有一个被广泛接受的范式,就像生产商创新范式一样,对科学进步非常有帮助。正如Kuhn所写的那样,一旦有了一个范式,研究人员就可以从事富有成效的"标准科学",对范式进行测试,更准确地说,可以在一个大致框架内对现在被认为是正确的范式进行填充。然而,正如Kuhn所解释的那样,范式永远不能充分解释一个领域中的"一切"。事实上,在标准科学的工作中,通常会出现不符合主导范式的观察结果,但为了在范式内追求有成效的进步,这些观察结果往往被忽略。

就创新研究而言,近年来与家庭部门用户创新有关的经验证据不断增加。然而,在没有补偿交易的情况下发展和扩散的创新完全脱离了熊彼特的生产商创新范式——实际上,也完全脱离了一般的基于交易的经济学框架。忽视这一证据使得研究人员可以在熊彼特范式下进行富有成效的工作,同时阻碍了将用户创新纳入我们对创新过程的范式理解的工作。

Kuhn写道,主导范式的预测与现实世界的观察之间的冲突最终可能会变得普遍或重要,以至于不能再被忽视,到那时,主导范式可能会受到新范式的挑战(Kuhn,1962)。我认为,在家庭部门的用户创新者开发和利用的无交易创新过程中已经出现了这种情况。因此,我认为用户创新范式既是对熊彼特创新范式的挑战,也是一种有益的补充。两种范式都描述了重要的创新过程,用户创新范式编纂归类了生产商创新范式没有包含的家庭部门的重要现象。

关于我提出的互补创新范式并行运作的建议,有一点十分重要,那就是Kuhn发展了他的范式概念来解释革命是如何在自然科学中发生的。他的核心论点是，在"科学革命"中，新范式将取代现有范式。然而，今天范式的概念已经从自然科学的研究扩展到社会科学的研究。在社会科学领域，Kuhn关于新范式取代旧范式的观察并不总是被遵循。多种范式可以以互补或竞争的关系共存。（例如参见Guba和Lincoln，1994）正是基于这一观点，我提出将用户创新范式作为生产商创新范式的补充，而不是替代。我的建议是，每一种范式都有效地构建了现有创新活动的一部分。

请注意，通过提出和描述用户创新范式，我并不主张需要支持用户创新范式的研究是完整的。事实上，我想说的恰恰相反。当对新观察到的现象的理解刚出现时，并且需要关于潜在底层统一结构的想法来帮助指导新的研究时，一个新的范式是最有用的（Kuhn，1962）。这就是我希望本书中描述的用户创新范式所扮演的角色。如果该范式是成功的，它将有效地塑造并支持现有的熊彼特以生产商为中心的范式中并不包括的重要研究问题和发现，从而为创新研究、决策和实践的下一步进展提供一个改进的平台。

在本章的剩余部分中，我将对后面几章的内容作一个非常简短的概述。在第二至第七章中，我提出并讨论了用户创新范式理论的核心和相关的实证发现。在第八至第十章中，我探讨了重要的背景问题，包括用户创新的广泛范围，与用户创新者成功相关的个人特征，以及用户创新者可获得的法律权利。最后，在第十一章中，我提出并讨论了与用户创新范式相关的理论建设、政策制定和实践的下一步措施。

用户创新的证据（第二章）

用户创新的重要性在很大程度上取决于它的规模和范围。在第二章中，我们将从全国调查中看到，用户创新在这两个方面都很重要。仅在迄今接受调查的6个国家中，就发现数千万人在各种个人使用的产品上总计花费了数百亿美元。聚类分析显示，约90%的家庭部门创新者满足用户创新定义的两个标准。只有不到10%的家庭部门创新者有兴趣成为企业家或向生产商出售他们的创新产品。

用户创新范式的一个核心特征是它不受补偿交易的影响。本章解释了补偿交易是什么，以及用户创新者如何在不诉诸补偿交易的情况下进行创新和无偿展示其创新。

用户创新的可行域（第三章）

只有当用户创新者或生产商的创新相关收益等于或超过其创新相关成本时，创新机会才是"可行的"。在第三章中，采用Baldwin和von Hippel（2011）讨论的模型来描述三种创新"模式"中创新可行性所需的条件，三种创新模式包括：家庭经济部门中个体用户创新、多个家庭部门参与者的协同用户创新和生产商的创新。Baldwin和我认为，随着强大的、易于使用的设计和通信技术变得越来越便宜，个体和协同用户创新的机会数量正在迅速增加。在许多领域，适合个人使用的计算机化设计工具的进步推动了设计成本的大幅降低。与此同时，互联网技术能力的进步推动了个人通信成本的大幅降低。特定领域的工具也在遵循同样的趋势。例如，廉价和易于使用的基因组修饰工具大大增加了生物创新的机会，这些机会增加了家庭部门的用户创新者的创新可行性。

用户创新者的开拓（第四章）

如前所述，在用户创新范式内行事的创新者的激励和行为与在生产商范式内的创新者有着根本的不同。因此，在这两种范式下产生的创新成果也应该有系统的不同。事实上，识别和阐明这些差异是用户创新范式所能提供的主要价值。在第四章中，我通过展示在两种范式中开发创新的类型和开发创新的时间有基本差异来说明这一点。用户创新者是自我激励的，可以自由地遵循自己的利益。与生产商不同，他们不需要只在有市场回报的项目上工作。因此，他们通常会在生产商明确机会之前开辟功能上新的应用和新的市场。生产商创新者一般是在明确市场性质和商业潜力之后才进入的（Riggs 和 von Hippel，1994；Baldwin，Hienerth 和 von Hippel，2006）。

用户创新的扩散不足（第五章）

在本章中，我记录并讨论了用户创新范式和生产商创新范式在创新扩散方面的一个重要差异。这种差异源于这样一个事实，即与生产商不同，用户创新者并不保护他们的创新不被免费采用，他们也不出售其创新。因此，搭便车的采用者可能获得的好处并没有系统地与用户创新者分享——这些人之间没有市场联系。为此，从社会福利的角度来看，用户创新者往往没有太多的激励去为积极扩散他们的用户创新进行投资。相比之下，生产者确实与消费者存在直接的市场联系，因此生产商创新范式内部不会存在类似的扩散激励不足。我回顾了一项初步的实证研究，该研究发现了用户创新者的扩散激励和投资不足的证据（de Jong，von Hippel，Gault，Kuusisto 和 Raasch，2015）。然后，我针对如何在不引入市场的情况下解决用户创新扩散不足的问题提出了建议。

用户创新者与生产商之间的分工（第六章）

本书到此，我们已经看到用户创新范式和生产商创新范式在创新者的激励、活动和产出方面有系统的不同。回想一下，范式之间也是相互作用的。在第六章中，我详细描述了它们之间的主要相互作用和影响。借鉴

Gambardella，Raasch 和 von Hippel（2016）的模型，我解释了在用户创新者和生产商创新者之间存在创新劳动分工，同时为提高社会福利和生产商利润提供了机会。我和我的同事们认为，不投资于取代用户创新者开发的创新研发工作会使生产商受益。相反，生产商通常（但并不总是）会从投资于支持用户创新者的设计活动中受益。然后生产商应该将自己的资源集中在用户创新者不从事的开发活动上，比如商业化所需要的改进。我们发现，社会福利将受益于鼓励生产商从注重内部发展转向与用户创新者进行创新分工的公共政策。

加强用户创新者与生产商之间的互动（第七章）

随着自由家庭部门的设计价值变得清晰，自由项目发起者和生产商都在加大努力去"强化循环路径"，以获得更多的利润。无论是用户创新者还是生产商向家庭部门寻求创新项目援助的众包需求都在上升。生产商也在学习支持用户创新者，致力于将他们的工作与使用者个人利益联系起来。

生产商对家庭部门创新资源"挖掘"强度的增加，很可能对社会福利产生正反两方面的影响。从积极的方面来看，生产商赞助的项目可能具有商业价值，因此在项目完成后可能会在商业上传播。从消极的一面来看，生产商创造和众包的极具吸引力的、"游戏化"的创新项目机会可能会吸引用户创新者远离具有更高社会价值的创新机会，比如他们可能会开发的初创性创新。

用户创新的广阔前景（第八章）

在第八章中，我通过回顾一些同事的实地实证研究，记录了用户创新远远超出了产品创新——迄今为止几乎所有关于家庭部门创新的研究都关注的创新类型。这些研究发现，在服务、流程、营销方法和新的组织方法中存在着大量的用户创新。

用户创新发展的广阔前景不应该是一个惊喜。毕竟，检验创新机会对用户创新者是否可行，与这些机会的具体性质无关。机会可行性所需要的就是用户创新者的预期收益超过他们的成本。

成功的用户创新者的人格特征（第九章）

具有代表性的调查发现，在6个国家中，有1.5%~6.1%的家庭部门成员从事产品创新，也就是成千上万的人。同时，这也意味着至少有94%的家庭部门成员没有从事产品开发。由于家庭部门的创新增加了社会福利，而且通常也增加了生产商的利润，因此，探讨成功创新的家庭成员和失败的家庭成员之间的差异是有必要的。为此，Stock，von Hippel和Gillert（2016）在三个主要的创新过程中的每一个阶段都探讨了与成功的家庭部门创新显著相关的人格特质，三个阶段分别为：产生新产品或产品改进的创意，开发实现创新想法的雏形，并将创新扩散给他人。我和我的同事发现，每个连续的创新阶段的成功完成受到不同因素的重要影响。基于这些信息，我们提出了提高家庭部门创新成功率的方法。

保护用户创新者的合法权利（第十章）

在本章中，我回顾了家庭部门创新者从事创新和创新扩散的合法权利。根据Torrance和von Hippel（2015）的报告，我认为，至少在美国，用户创新者在创新发展和创新扩散方面拥有非常强大的法律权利。个人通常可以自由地行动，无论选择什么样的方式，只要这种方式不对他人造成实质性的伤害就可以（Jefferson，1819；Chafee，1919）。个人还拥有言论自由的基本权利，这使他们能够交流信息，以便协同工作，并将自己的发现扩散给他人。此外，用户创新者有时比生产商具有重要的实践、法律和监管优势。

尽管出现了这种普遍有利的情况，但囿于其他目的颁布的法规或立法，用户创新者的经营自由经常被限制，用户创新成本提高，人们甚至没有意识到用户创新的存在。Torrance 和我提出了具体的改进建议，也提出增加社会对用户创新的普遍认识以及强调用户创新给社会带来的好处将是有价值的。

用户创新研究与实践的未来展望（第十一章）

在第十一章中，我提出了我认为有价值的用户创新研究、政策制定和实践的后续步骤。我首先对用户创新范式在这些新的努力中可能发挥的作用设定预期。接下来，我对比了用户创新、并行生产和开放式创新所提供的研究视角，概述了每个视角我预期的极具重要性的问题类型。然后，提出了改进用户创新测量的步骤，这对于进一步推进与用户创新范式相关的研究非常重要。接下来，提出有效地将用户创新纳入创新理论和政策制定的研究步骤。最后，提出用户创新范式如何帮助我们理解以家庭部门创新活动甚至超越创新为主题的经济学，比如"用户生成的内容"：从同人小说到用户对维基百科的贡献。

最后，我再次指出，不需要有偿交易和知识产权的用户创新代表了一种稳健的、"基层"的创新模式，与流行的以生产商为中心的熊彼特式创新模式有着根本的不同。我认为，在这本书中提出和讨论的用户创新范式，将使我们能够更清楚地理解用户创新，更有效地应用它，从而增加社会福利和人类繁荣。

Free Innovation

第二章

用户创新的证据

在这一章中，我提出了证据，证明在家庭部门的消费品开发方面，用户创新是一个非常重要的现象。正如我们将看到的，今天有数千万的消费者每年花费数百亿美元来创造和改善产品，以更好地满足他们自己的需求。事实上，家庭部门产品开发的总支出与生产商为消费者开发产品的商业部门的支出规模相当。接下来，我们将看到在家庭部门中90%以上产品创新的开发者都符合第一章中界定的用户创新的标准：创新者在他们无偿的、可自由支配的时间里开发他们的创新；且他们并不主动保护自己的设计不被无偿采用者使用。其余的是有抱负的企业家。最后，我将探讨无交易自我激励的本质，这对用户创新的可行性至关重要，并讨论为什么用户创新者无偿展示他们的创新具有经济意义。

六项全国性研究

在撰写这项研究时，六项全国性调查以产品用户为研究对象，探讨了家庭部门产品创新方面的规模和范围。首先对所有这些研究使用的方法做一个非常简要的概述。完整的细节可以在每项研究的报告中找到。这六项国家调查由von Hippel、de Jong和Flowers（2012）在英国进行，在美国和日本的调查由Ogawa和Pongtanalert进行（von Hippel，Ogawa和

de Jong，2011），在芬兰的调查由 de Jong、von Hippel、Gault、Kuusisto 和 Raasch（2015）进行，在加拿大的调查由 de Jong（2013）进行，在韩国的调查由 Kim（2015）进行。六项研究样本只包括新产品和修改过的产品，这些产品是由家庭部门为了个人或家庭使用而开发的。为了符合我们的研究，我们要求开发的产品在功能上比市场上已有的产品有所改进，并且是在数据收集之前的三年内开发的，不包括美学方面的改进，也不包括个人在家里为自己的工作开发而不是为个人或家庭使用的创新产品。

　　这六项调查均使用了具有全国代表性的样本。这类样本旨在反映一个国家的人口构成。例如，如果人口中包含特定比例受过技术教育的人，那么样本中就会有类似该"代表性"特征的受访者。由于这一特点，我们可以认为这一全国代表性样本的研究结果反映了一个国家的总体人口构成。数据是通过对英国、芬兰和加拿大的电话受访者的问卷调查以及美国、日本和韩国的网站来收集的。在六个国家的研究中，有四个国家的问题是相同的（英国、美国、日本和韩国）。第五和第六项研究（芬兰和加拿大）增加了新的问题以解决其他问题。最新研究（芬兰）使用的完整问卷公布在附录 A 和 de Jong（2016）中。

家庭部门产品创新的规模

　　回想一下，在生产商创新范式中，人们期望的不是消费者去创新，而是消费者去消费。然而，与这种传统假设截然相反的是，我和同事收集的数据发现，迄今为止仅在接受调查的六个国家中，就有 2440 万人开发或修改了自己使用的产品（表 2-1）。这个相当大的数字很可能是家庭部门创新发展活动总量的一个非常保守的衡量结果。正如我上面提到的，这六项调查只针对为个人或家庭使用而开发的产品创新。家庭部门的服务和过程发展活动不包括在内，这些活动也可能具有很大的规模。

表2-1　六个国家中为自用而个人开发产品的比例

	英国 (n=1173)	美国 (n=1992)	日本 (n=2000)	芬兰 (n=993)	加拿大 (n=2021)	韩国 (n=1021)
18岁及以上的用户创新者占人口的百分比[1]	6.1%	5.2%	3.7%	5.4%[2]	5.6%	1.5%
18岁及以上的用户创新者人数[1]（100万）	2.9	16.0	4.7	0.17[2]	1.6	0.54

[1]在所有六项调查中，出于保护青少年隐私的考虑，18岁以下的人都被排除在外。
[2]在芬兰，年龄范围为18~65岁。

消费品创新的范围

消费者开发的产品涉及广泛的家庭部门活动（表2-2）。创新水平较高的领域很好地反映了消费者报告的无偿时间活动的主要类别。例如，在英国，运动、园艺、家务、照顾孩子和使用电脑是重要的活动（Lader，Short和Gershuny，2006）。

表2-2　各创新类别中家庭部门用户的产品开发范围

	英国[1]	日本[2]	美国[2]	芬兰[3]	加拿大[4]	韩国[5]
工艺和车间工具	23.0%	8.4%	12.3%	20%	22%	16.4%
体育和爱好	20.0%	7.2%	14.9%	17%	18%	17.9%
与居住相关	16.0%	45.8%	25.4%	20%	19%	17.9%
与园艺相关	11.0%	6.0%	4.4%	na[f]	na	na
与儿童相关	10.0%	6.0%	6.1%	4%	10%	10.9%
与车辆相关	8.0%	9.6%	7.0%	11%	10%	6.5%

（续）

	英国①	日本②	美国②	芬兰③	加拿大④	韩国⑤
与宠物相关	3.0%	2.4%	7.0%	na	na	na
医疗	2.0%	2.4%	7.9%	7%	8%	5.5%
与计算机软件相关	na⑥	na	na	6%	11%	na
食品和衣服	na	na	na	12%	na	na
其他	7.0%	12.0%	14.9%	3%	3%	23.9%

①来源：von Hippel，de Jong 和 Flowers，2012。
②来源：von Hippel，Ogawa 和 de Jong，2011。
③来源：de Jong，von Hippel，Gault，Kuusisto 和 Raasch，2015。
④来源：de Jong，2013。
⑤来源：Kim，2015。
⑥表中的"na"表示不存在。这意味着没有对某个类别进行单独编码，而不是不存在某类创新。例如，在未列出计算机软件创新的国家，计算机软件也被认为是创新，但被归入另一类别。例如，使用软件实施的医疗创新将归入医疗而非软件类别。

对于表2-2所列的每个创新类别，受访者所报告的一些创新的简要描述将说明消费者产品开发的类型和范围（表2-3）。

表2-3　各类家庭部门产品创新的例子/示例

工艺和车间工具	我发明了一个夹具来制作箭头。夹具固定箭头的位置，同时可以旋转，所以我可以根据自己的标记画画。市面上的夹具不能旋转
体育和爱好	我设计了发光的围棋棋子，这样就可以在黑暗中下棋。新棋子的材质与老棋子看起来也很相似
与居住相关	由于天气原因，我希望我的洗衣机具有只脱水功能。我修改了计时器的工作方式，增加了只脱水选项。我把其中一条电路桥接起来，插了个开关 我使用了一个可以由电脑操作的 GPS 系统和小标签来立即找到丢失在房子里的东西 我用微波炉做了一个微压式电饭煲。我在一个塑料容器上打孔，用一个大橡皮筋和一块小板来调节容器内的压力，这样做出来的米饭就和其他电器煮出来的米饭一样好吃
与园艺相关	我做了一个修剪树梢的装置。它是一根鱼竿，末端有一个大的金属钩。这使我能够到树顶，把它们折弯并砍下来
与儿童相关	我用不同的颜色给表盘上色，我用它教我的孩子看时间 我做了一个布料伸缩面板，这样我可以在冬天的大衣下面穿上婴儿背带，帮助我和我的宝宝保持温暖。适合所有普通拉链

（续）

与车辆相关	我在车钥匙遥控器上安装了一个显示屏，用于停车位置定位。当我在一个大停车场或有几层楼的停车场无法记住车停的位置时，它可以帮我节省时间和精力
与宠物相关	我的狗吃东西有困难。我用一块平整的叠层木板，像托盘一样在周围加了一条边，防止她的碗在厨房里乱动。这是一个成功的创新
医疗	我母亲中风了，四肢不能活动。我设计了一件外套，让她在轮椅上方便穿脱。袖子可以通过特殊的粘扣打开和闭合
与计算机软件相关	我是色盲。我开发了一个 iPhone 相机应用程序，可以识别场景中物体的颜色，并对它们进行编码，以便于识别

创新项目的支出

在家庭部门，个人项目的开发通常使用相对适度的"个人规模"支出。从表2-4中可以看出，在这六个国家的最新项目中，个人创新者所花费的平均时间和材料加起来的支出从几百美元到一千美元以上不等。（时间成本按每个被调查国家的平均时薪换算成货币。）受访者的项目支出范围很大，有的几乎为零，项目仅用手头的材料就能很快完成，有的则远远高于平均水平。对其他创新样本的研究发现，花费明显高于平均水平的个人很可能是领先用户——处于重要市场趋势前沿的个人，对自己的创新有强烈的需

表 2-4　最近用户创新项目的个人支出

	英国	美国	日本	芬兰	加拿大	韩国
花费在最近的项目上的时间（人–天）	4.8	14.7	7.3	2.6	6.7	5.9
最近项目的平均材料支出	£101	$1，065	$397	207 €	$58（加拿大人）	$368

资料来源：von Hippel、Ogawa 和 de Jong，2011。支出总额包括具体项目的自付支出加上按各国平均工资水平计算的时间投资。

求。领先用户也比普通用户更有可能开发具有潜在商业价值的产品（von Hippel，1986；Urban 和 von Hippel，1988；Franke，von Hippel 和 Schreier，2006；Hienerth，von Hippel，和 Jensen，2014）。

单个项目的小额支出加起来是相当大的数额，这仅仅是因为有太多的家庭在创新。英国、美国和日本的全国性调查中包含一个问题，询问受访者每年开展多少个项目，这些信息连同我们掌握的关于创新者最近开展项目的费用和每个国家创新者的总数，使我和同事们能够估计出家庭部门在产品开发方面的年度支出总额。

从表2-5可以看出，英国、美国和日本的家庭部门创新者每年总共花费数十亿美元。有趣的是，从表2-5中也可以看出，这一支出水平与消费品公司为这些国家的消费者开发产品的年度支出没有明显的区别（von Hippel，Ogawa 和 de Jong，2011）。这再次表明，由家庭部门进行的产品开发是一项具有相当规模的活动。

表2-5 个人每年在自己使用的产品上的创新支出总额

	英国	美国	日本
每年的平均项目数量	2.7	1.9	2.6
用户创新者每年在消费品开发上的估计总开支[1]	52 亿美元	202 亿美元	58 亿美元
估计每年由生产商资助的消费品研发支出[2]	36 亿美元	620 亿美元	434 亿美元

[1]支出总额包括具体项目的自付支出加上按各国平均工资水平计算的时间投资。
[2]根据国家投入产出表计算。
资料来源：von Hippel、Ogawa 和 de Jong，2011。

个人 vs. 协同创新

回顾第一章，创新者可以单独或者与他人合作开发他们的创新。在这六项调查中，大多数人报告说他们最近的创新是单独进行的，10%~28%的人报告说他们是协同创新的（表2-6）。正如我将在第三章中讨论的那样，这种模式具有良好的经济意义。协同创新可以为大型项目的参与者节省大量的成本，在这些项目中可以共享大量的成本。然而，对于相对较小的项目，例如本文记录的典型家庭部门项目，个人创新可能会更有效，这种方式避免了与他人合作开发工作的成本。

表2-6　创新模式

	英国	美国	日本	芬兰	加拿大	韩国
个人创新	90%	89%	92%	72%	83%	72%
协同创新	10%	11%	8%	28%	17%	28%

是用户创新吗

回顾第一章，我将用户创新定义为两个特征。首先，没有人会为用户创新者的开发工作支付报酬，他们是在没有报酬的自由支配时间里做这些工作的。其次，用户创新设计没有得到开发者的积极保护——任何人都有可能免费获得它们。从六个国家调查的数据中，我们可以直接得出结论，90%以上的受访创新者符合这两个标准。关于第一个特征，所有六项调查都询问受访者是否在无偿、自由支配的时间里开发了自己的创新，并且只收集了那些表示有这种情况的个人的数据。关于第二个特征，所有六项调查都提供了一份防止自由采用的可能手段清单，从保密到申请专利，并询问创新受访者是否使用了其中任何一种手段来保护他们的创新。从表2-7可以看出，通过保密或任何形式的知识产权来保护创新的做法是相当少见的。

当然，家庭部门的创新者普遍缺乏对保护措施的投资，可能仅仅意味着采取保护措施的代价过于高昂（Baldwin，2008；Blaxill 和 Eckardt，

2009；von Hippel，2005；Strandburg，2008）。这些创新者原本可能希望能够保护自己的创新，如果有一种低成本的方式（比如非常便宜的专利形式）可用，他们就会采用。这种情况将使用户创新成为一种脆弱的现象，如果出现一种更廉价的保护创新的方式，用户创新就有消失的危险。

表 2-7　受知识产权保护的家庭部门创新

英国	美国	日本	芬兰	加拿大	韩国
1.9%	8.8%	0.0%	4.7%	2.8%	7.0%

为了验证这种可能性，我和同事们询问了芬兰和加拿大全国调查的参与者，他们是否愿意无偿提供自己的创新。在芬兰，84%的受访者表示，他们愿意向至少一部分人公开他们的创新。其中，44%的人愿意向任何人和所有人展示他们的创新，另外40%的人愿意有选择地向朋友和个人关系网络中的其他人无偿公开他们的创新（de Jong，von Hippel，Gault，Kuusisto和Raasch，2015）。在加拿大的研究中，de Jong（2013）发现，无偿公开的总体意愿也是88%，66%的受访者愿意向所有人无偿公开，另有22%的人愿意有选择地向他们的关系网络无偿展示。换句话说，在芬兰和加拿大，无偿展示似乎不仅仅是保护成本高昂的产物——很大一部分家庭部门的创新者愿意向部分或所有人无偿展示他们的创新。

家庭部门创新者动机的类型

早先，我认为创新项目机会对于用户创新者来说是可行的，即那些收益超过成本的创新项目，只有当这些创新者获得自我激励时才是可行的。毕竟，根据我的定义，没有人付钱给用户创新者进行创新，也没有采用者会为他们的设计付钱。为了评估这一问题，在芬兰的全国调查中，受访者被问及推动他们创新的动机的类型和相对强度。具体来说，他们被要求将自己的100%动机分配到五种特定类型的激励中。此外，研究人员还为他们提供了一个"其他"选项，列出对他们来说重要的其他类型的激励。

五种类型的激励中有四种被认为是开源软件项目贡献者的重要激励因素（Hertel，Niedner 和 Herrmann，2003；Lakhani 和 Wolf，2005）：创新的个人使用（von Hippel，2005；Stock，Oliveira 和 von Hippel，2015）；创新发展工作的个人享受（Hienerth，2006；Ogawa 和 Pongtanalert，2011；von Hippel，de Jong 和 Flowers，2012）；个人学习和技能的提高（Bin，2013；Hienerth，2006；Lakhani 和 Wolf，2005）；帮助他人（Kogut 和 Metiu，2001；Lakhani 和 von Hippel，2003；Ozinga，1999）。第五种激励测量是"销售/赚钱"。这种动机不符合用户创新范式：它是生产商创新范式中创新者的主要动机。

仅在芬兰的研究中，我和我的同事从408个家庭领域创新者的样本中收集了数据，其中既包括那些表示开发创新产品主要是为了自己使用的人（本章表格中所示的176个个体指的是芬兰的研究），也包括那些没有这样表明但仍然填写了完整问卷的人。我和同事 Jeroen de Jong 对这个更大的样本进行了聚类分析，以便将具有相似动机特征的创新者分组在一起（Green，1977；Schaffer 和 Green，1998）。我们发现了四种不同的结果，它既符合理论依据，又具有良好的稳健性（Cohen's kappa = 0.80）（来源：de Jong，2015）。

在图2-1中，我报告了整个样本中所包含的四个类别中每一个的比例，以及每个类别中动机类型的分布。可以清晰看出，家庭部门的创新者通常是由多种动机驱动的，而不是单一的动机。事实上，很少有人只受单一动机驱使。

图中每组都标有该家庭部门创新者期望获得的最重要的私人福利类型。

"参与者"（样本中43%的家庭部门创新者）期望，他们与创新相关的最大收益来自于参与创新过程本身带来的享受和学习的自我激励。"使用者"（37%的样本）期望他们最大的收益来自于他们开发的创新被个人使用。"帮助者"（11%）在五类受访个体中，其最强的动机是为了帮助他人而创新——利他主义。"生产商"（9%的样本）最强的动机是销售前景。

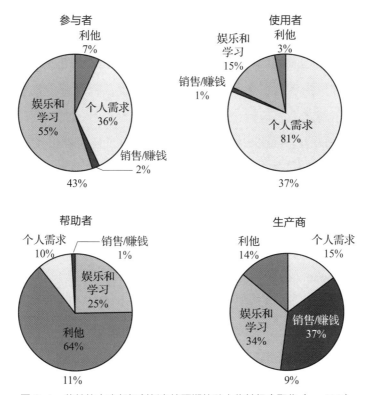

图 2-1 芬兰的家庭部门创新者按预期的私人收益组合聚集（n=408）

接下来要注意的是，在被问到的五个动机中，有四个涉及对自我激励补偿交易的期望，而这些期望并不是被要求获得的。也就是说，当个人说他们使用了自己开发的一项创新时，他们是自我激励的——不需要其他人来激励他们。同样，如果用户创新者在开发创新的过程中享受或学习到了什么，他们就会得到自我激励，这些类型的利益也不依赖于与他人的交易（Stock，von Hippel和Gillert，2016；Stock，Oliveira和von Hippel，2015；Raasch和von Hippel，2013；Franke和Schreier，2010；Hars和Ou，2002；Füller，2010）。此外，正如下文将进一步讨论的那样，利他主义也是一种自我激励的形式，不依赖于有偿交易。只有最后列出的动机，"销售/赚钱"的动机，需要与他人进行补偿交易。

从图2-1所示的结果中，我们可以得出结论，四个群组中有三类创新者是用户创新者，几乎完全是由自我激励所驱动的，因此即使没有人会付钱购买他们的创新产品，他们也认为投资于创新是可行的。与此形成鲜明对比的是，生产商群组中创新者的动力主要来自于产品创新的市场前景，"销售/赚钱"占了他们全部动机的37%。当然，家庭部门调查会识别出一些正在开发创新产品用于销售的个体，这也是合理的。全球创业观察（GEM）的调查发现，家庭部门中有类似比例的个体（在"创新驱动型"经济中占比超过8.54%）处于创业活动的早期阶段，其中约一半人试图将新奇的东西推向市场（Singer，Amorós和Moska，2015）。

生产商群组中的个体与三个用户创新者群组中的个体在行为和动机方面存在差异。如果一个人为寻求销售，那么开发可能对许多人有价值的设计，投资开发这些设计，保护它们不被免费采用者使用，这些都是合理的做法。与这些预期一致，de Jong（个人访谈，2015）发现，生产商群组中的个体开发的创新具有显著高于其他三个群组中个体开发的创新的价值。此外，生产商群组中的个体在创新开发上花费更多（1,228欧元vs.其他三个群组的平均费用为100~300欧元）。他们更有可能通过知识产权保护自己的创新（在生产商群组中有37%的创新者这样做，而在其他群组中只有2%或更少）。

自我激励和无交易活动

我用自我激励和无交易活动这两个概念来描述用户创新范式的运作，它们是相互联系的：我将自我激励定义为无需补偿交易即可获得的私人利益。有偿交易涉及显性或隐性的安排，为特定一方提供"这个"东西——可能是一件商品、一项服务或一种金融工具——以换取"那个"东西。因此，当我认为用户创新范式中的活动是无偿交易的时候，在我看来其中是不存在这种性质的有偿交易的。

当我从自己开发的一项创新中获得个人使用价值或从开发过程中获得乐趣和学习时，不涉及有偿交易。所有这些激励类型都可以在不要求他人采取相关行动或对他人产生影响的情况下获得——它们是自我激励。但是在芬兰的调查中，与利他主义相关的激励是什么呢？毕竟，在我能够合理地感觉到自己做了一些利他的事情之前，别人必须采纳或受益于我的创新。同样地，当我向他人展示或免费提供一项创新时——正如用户创新者的定义所表示的那样，在没有保护的情况下展示它——我可能希望获得一种回报，即提高我在他人眼中的个人声誉（Lerner 和 Tirole，2002）。在这两种情况下，在我获得激励之前，其他人必须做一些事或经历一些事。为什么这不是一种补偿交易？原因在于，这些期望得到的反应不是与特定的交换伙伴用"这个"具体交换"那个"。相反，无偿展示创新是把面包撒在水面上，也许是期望或希望以"广义互惠"的形式得到回赠的礼物。

为了澄清概念，让我简要地谈谈礼物的本质。首先，注意到即使没有金钱或明确的等价物，作为社会交易，有偿交易的存在也符合"特定的这个换特定的那个"的标准（Benkler，2006）。Benkler 解释说，社会交易不同于经济交易，不在于有没有交换义务，而在于交换的精确性。市场交易具有更高的精确度，"源于货币这个交换媒介的精确性和正式性"（Benkler，2006，109）。相比之下，社会交易的计算就不那么精确了。Benkler（同上）引用了Godelier在《礼物的谜》（*The Enigma of the Gift*）中的一句话："亲朋好友之间礼物的特点……不是没有义务，而是'不计较'。"尽管如此，正如Mauss（1966，xiv）在他的《礼物》（*The Gift*）一书中所指出的，"礼物总是寻求回报的。"在研究任何礼物的要素时，Mauss讨论了其中涉及的三种义务——给予、接受和偿还——在这三种义务中，"有价值的回报是必须履行的义务"（同上，41）。正如Benkler、Godelier和Mauss所阐述的那样，当一份礼物是在特定已知的赠与者和受赠者之间时，它是一种涉及有偿财产交换的社会交易，因此这样的礼物不是"无偿交易"。

其次，要注意的是，当赠与者期望得到广义互惠而不是从特定的其他人那里得到补偿时，礼物——比如用户创新者中那些出于利他主义动机的礼物——可以是无偿交易的。根据Sahlins（他是这个术语的首创者）的说法，广义互惠的特征是，交易通常被认为是"利他的"，是"纯粹的礼物"，对补偿或直接物质回报的期望是"不体面的"，充其量只是"隐含的"（Sahlins，1972，193–194）。它指的是"礼物的回赠没有规定的期限，回赠的时间和数额取决于原赠与者未来的需要和受赠者的能力；因此，物品的流动可能在很长一段时间内是不平衡的，甚至是单向的"（同上，279–280）。有人将广义互惠称为"'倒过来帮助一个人'，在那里没有机会得到被帮助者的回报"（Ladd，1957，291）或"向前支付"，被描述为"我帮助你，你帮助别人"（Baker和Bulkley，2014，1493）的原则，但Sahlins表达了其本质，指出"没有回报并不会导致给予者停止给予"（1972，194）。

Benjamin Franklin（1793，178–179）在没有专利保护的情况下向所有人提供了他的重要发明。他从广义互惠的角度解释了自己的动机，他说："当我们从他人的发明中获得巨大的好处时，我们应该很高兴有机会通过自己的发明为他人服务；我们应该慷慨大方地做这件事。"广义互惠的一个更小、更普通的例子是，当一个陌生人为了询问时间在街上停下来寻求你的帮助时，你会告诉他时间。你不期望再见到那个人，也不指望从他/她那里得到回报。然而，通过对广义互惠文化的贡献，你可以自信地期待，未来如果你寻求陌生人的帮助，他们也会愿意告诉你时间。非常重要的是，与礼物相关的广义互惠预期是无偿交易的，如上所述，"没有回报并不会导致给予者停止给予"（Sahlins，1972，194）。

在用户创新的背景下，以广义互惠为形式的回报预期，如在他人头脑中唤起感激之情或声誉的提升，可能会激励用户创新者，但仍无法补偿与特定他人进行的交易。然而，在无交易行为和交易行为之间显然存在灰色地带。例如，一个开源软件开发项目中活跃的开发人员的数量可能有很多，也可能只有几个。在有许多开发人员的情况下，贡献者所面临的情况可能被最准确地称为广义互惠。然而，随着人数的减少，人们可能会意识到，某个特定的人正在开发和贡献 X 种有用的创新，而这样做是因为另一个特定的成员将开发和贡献 Y 种创新。这就变成了一个涉及有偿交易的情况。

总之，请允许我指出，无偿交易行为的想法可能看起来很奇怪，但事实上，这些行为在生活中很常见——考虑到安排和执行有偿交易的成本和复杂性，这是合理的（Tadelis 和 Williamson，2013）。Baldwin（2008）指出，合作创新项目，如开源软件开发项目，在设计上是无偿交易的。她还指出，家庭和社区在进行日常生活活动时，通常也会在广义互惠的框架内进行无偿交易的互动。例如，我们可以相信，几乎任何一个成年人都会立即冲过去保护一个年幼的孩子免受危险。根据 Ladd（1957，254）的说法，这种帮助是"在不考虑或不期望回报的情况下提供的；而当回报真的到来时，也不会被视为回报，而是一种新的善意行为。"

讨论

本章提出的研究结果清楚地表明，家庭部门创新在规模和范围上都是重要的。它们还表明，大约90%的家庭部门创新者符合我为用户创新设定的两个标准。也就是说，创新者的动机几乎完全来自于自我激励，作为他们与创新相关的投资的补偿，他们也没有保护自己的创新不被搭便车者使用。

在这一节中，我更加详细地解释了为什么用户创新者愿意无偿地展示他们的创新。尽管在这里对我们很有用，但在以前的工作中这个话题已经被详细探讨过了（例如，Allen，1983；Harhoff，1996；Lerner 和 Tirole，2002；Harhoff，Henkel 和 von Hippel，2003；von Hippel，2005，Chapter 6）。因此，我将只提供主要论点的简要总结。

第一个需要注意的基本要点是，家庭部门的创新者如果不是竞争对手，也不打算从垄断其创新中获利，那么他们通常不会因无偿公开其设计而损失任何东西。例如，如果我开发了一种创新产品来帮助我的糖尿病患儿，但无意将其出售，那么如果你采用我的设计来帮助你的糖尿病患儿而不向我付钱，我自己的利益也不会受到任何损害。即使你对开发工作没有贡献——也就是说，你是一个搭便车的人。即使你是一个将我的用户创新商业化并不与我分享任何利润的生产商，也是如此。毕竟，我的自我激励——足以促使我进行创新——是为了帮助我的孩子。（当然，即使在非营利的情况下，也可能存在限制无偿公开的特殊原因。例如，开发出使用方式复杂或危险的医疗设备的用户创新者可能会非常有选择性地免费公开其设计，希望避免对技能较低的采用者造成任何健康风险。参见 Lewis 和 Liebr，2014。）

其次，鉴于无偿公开不会遭受任何损失，对创新者来说，被动地不努力保护与创新相关的信息是成本最低的选择。这是因为主动排除需要投资，以防止与设计相关的信息泄露，否则这些信息就会自然而然地泄露出去（Benkler，2004；von Hippel，2005）。例如，如果你在公共场合使用一项发明——比如你在公共场合骑一辆创新的自行车——它的设计在某种程度上是"自然而然地自我暴露"的。也就是说，除非你花钱把自行车的工作部件遮盖起来，否则当你骑行时，旁观者在一定程度上可以通过简单的观察了解它的功能（Strandburg，2008）。保护投资的形式可以是上文所说的保密措施，或者防止使用通过合同或知识产权泄露的信息的投资。

最后，无偿展示而不是隐藏一项创新可以为用户创新者提供有价值的、无偿交易的激励，这远远超出了前面表格中列出的四种自我激励类型。例如，无偿展示新设计的创新者可能会发现，其他人选择改进他们的创新，从而实现互惠互利（Allen，1983；Raymond，1999）。生产商的商业化也可以为创新者创造一个比自己动手生产更便宜的供应来源。例如，如果生产商采用了我的创新医疗设备，我可能会很高兴。创新产品的商业化方便我购买将来可能需要的产品，而不是自己开发产品（Allen，1983）。当然，无偿公开创新可以提高创新者的声誉，有时会贡献有价值的个人成果，如工作机会（Lerner 和 Tirole，2002）。

尽管上面列出了无偿公开的好处，但保护创新的选择对所有人都是开放的。的确，回想一下图2-1中生产商群组中的许多家庭部门的创新者为了追求利润才这样做的。既然机会对所有人开放，为什么没有更多的创新者选择保护和商业化，而是免费展示？我猜测，一个主要的原因是，即使商业化的努力最终可能会产生一些利润，但投入时间和金钱来实现利润是有机会成本的。（机会成本是当一种备选方案被选择时，从其他方案中损失的潜在收益。）所有家庭领域的创新者——以及我们所有人——都有许多事情在抢夺我们的时间和注意力。生产商群组中的家庭创新者似乎已经决定，在他们的特殊情况下，商业化是值得追求的（Shah 和 Tripsas，2007；Halbinger，2016）。相比之下，选择用户创新道路的家庭部门创新者可能更愿意把时间和金钱投入到其他机会中。

Free Innovation

第三章

用户创新的可行域

本章探讨了创新为用户创新者和生产商带来回报的条件。在大量借鉴 Carliss Baldwin（Baldwin 和 von Hippel，2011）的研究基础上，本章首先定义并描述了三种基本创新模式：个体用户创新、协同用户创新和生产商创新。然后探讨了每种模式"可行"的条件——也就是说，这些条件将为参与其中的创新者带来净收益。

基于创新模式可行性分析，我们将看到，用户创新的设计工具和沟通能力的持续改进，正在使用户创新变得越来越可行。因此，有理由得出结论，相对于制造商创新，用户创新的重要性将稳步提升。

三种创新模式

本章所描述的思考和分析最初是在一篇分析用户和生产商创新模式可行性的论文中提出的（Baldwin 和 von Hippel，2011）。在接下来的内容中，我将继续进行这项工作，对定义稍作修改，来分析用户创新和生产商创新模式的可行性。

回顾一下第一章和第二章，用户创新涉及个人在无偿的自由支配时间内以私人成本设计的创新，也涉及不受设计者保护的创新设计，因此任何人都可以"免费"获得。再回顾第一章，在用户创新范式中有两种不同的创新模式：个体的用户创新和群体合作的用户创新。与生产商创新一起，我们得到了三种基本的创新模式：

- 个体用户创新，是指家庭经济部门的个人利用无偿的自由支配时间进行创新，并不保护他（或她）的设计不被搭便车者采用。
- 协同用户创新项目，涉及无偿的家庭部门贡献者，他们分担创新设计的工作，且不保护自己的设计不被搭便车者采用。
- 生产商创新者是一个单一的、非合作的企业。生产商预期通过销售其设计获利。假设由于保密或知识产权，生产商创新者对创新拥有独家控制权，因此是设计的垄断者。

一个创新机会的可行性

对于特定的创新机会，如果创新者或合作中的每个参与者认为值得承担获得创新的预期价值所需的成本，则创新模式是可行的（Arrow，1962；Simon，1981；Langlois，1986；Jensen和Meckling，1994；Scott，2001）。这种可行性的定义与经济组织的契约观（Alchian和Demsetz，1972；Demsetz，1988；Hart，1995）、金融学中的偿付能力概念、制度博弈论中的均衡概念（Aoki，2001；Greif，2006）有关。

在收益方面，我们将创新的价值定义为一方将创新机会转化为新设计——配方——然后将该设计转化为有用的产品、流程或服务所预期获得的收益，用v表示。正如第一章和第二章所讨论的，用户创新者和生产商创新者从他们以不同方式设计的创新中获益。用户创新者从自我激励中受益，并且不保护自己的创新成果被他人无偿采用。他们的自我回报可能包括使用创新带来的好处、参与创新过程带来的好处，如乐趣和学习，以及帮助他人带来的好处，如与利他主义相关的"温暖的光芒"（Raasch和von Hippel，2013；Stock，Oliveira和von Hippel，2015；Franke和Schreier，2010；Hars和Ou，2002）。与此形成鲜明对比的是，生产商从有利可图的销售中获益，这种销售可能采用出售知识产权（专利或许可证）或出售体现设计的产品或服务的形式。最终，生产商的利益来自于消费者为创新设计付费的意愿。

在与创新相关的成本方面，Baldwin和von Hippel（2011）的模型包括四种基本类型：

- 设计成本——d：为创新而花费的设计成本。它包括了说明创新应该做什么的成本。这些说明可以被认为是创新的"配方"，当其实施时，将会把创新变为现实（Baldwin和Clark，2000，2006a；Suh，1990；Winter，2010；Dosi和Nelson，2010）。
- 沟通成本——c：设计扩散传播的成本。
- 生产成本——u：为生产特定商品或服务而执行设计指令的成本。输入内容包括设计说明（配方）以及执行这些说明所需的材料、能源和人力。输出的是创新的产品或服务——即转化为可用形式的设计。
- 交易成本——t：建立产权和从事有偿产权交易的成本。

对于任何创新机会，任何创新过程参与者的可行条件都是简单明了的：对任何个人或企业 i（用 v_i 表示）来说，创新的价值必须大于创新者在设计、与他人沟通、生产和交易中发生的成本。不等式表示为：

$$v_i > d_i + c_i + u_i + t_i \tag{1}$$

为了简化对三种创新模式可行性的讨论，Baldwin和我首先只关注设计与沟通成本。这样就可以在双轴图中直观地显示出每个创新模式的可行区域。在后文中，当所有三种创新模式在设计和沟通成本方面的可行性界限确定后，我们将重新引入另外两种成本维度，并展示它们如何影响结果。因此，现在我们认为，对于一个给定的创新机会，当且仅当对于该模式的每个必要贡献者而言，设计和沟通成本小于贡献者预期的价值时，这个创新模式才是可行的，即：

$$v_i > d_i + c_i \qquad\qquad (2)$$

对于个体用户创新来说，什么时候创新机会是可行的?

图3-1显示了个体用户创新的创新机会生存区域。横轴表示项目设计成本（d），纵轴表示项目沟通成本（c）。

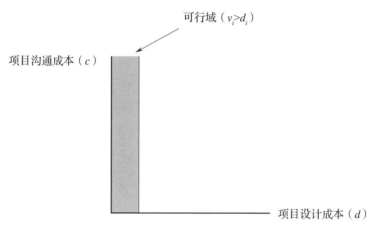

图 3-1　个体用户创新的可行域

我们看到的模式很简单，但很有趣。回想一下，如果v_i大于个人的设计成本加上沟通成本：$v_i > d_i + c_i$，在特定设计机会的情况下，对于个体用户创新来说，创新的努力是值得的。Baldwin和我把沟通成本定义为在设计过程中项目参与者之间传递与设计相关信息的成本，或者说是完成扩散的成本。

根据这一定义，在个体用户创新者进行设计开发的情况下，沟通成本为零，因为这个人"不需要与任何人交谈"就可以从设计和使用创新中受益。例如，如果我有能力设计一个医疗设备或一种运动器材来满足自己的需要，我可以"只做"，在我做这个项目的时候不必与任何人交流。然后，我也可以使用自己改进的设备，同样不需要沟通成本。换句话说，在由个体用户创新者进行设计开发和使用的情况下，我们的可行性方程式被简化为 $v_i > d_i$。因为沟通成本为零，即使沟通技术非常原始，或者如果沟通成本由于其他原因非常高，这些人也会发现创新是可行的。这就是为什么图3-1中所示的个体用户创新者的可行域向上延伸，涵盖了高沟通成本的区域。

请注意，个体用户创新者可以选择投入资金，积极向潜在采用者扩散有关其创新的信息，从而产生沟通成本。然而，他们不需要这样做。我们对用户创新的定义只要求用户创新者不保护其与设计相关的信息——这种选择不需要在沟通方面进行投资。

即使单个个体用户创新者没有沟通成本，他们也必须在设计上花费时间和金钱。因此，对于图3-1中阴影区域内的单个个体用户创新者来说，创新项目是可行的，其中 $v_i > d_i$，但是在该区域之外就不可行了。换句话说，考虑到我所期望的益处 v_i，我愿意只花费不超过 d_i 来响应改进我的医疗设备的特定创新机会。当然，不同的个体可能有不同的价值观。如果你比我更需要同样的医疗设备，你的 v_i 会比我高一些，因此你的 d_i 也会比我高一些。

对于协同用户创新来说，什么时候创新机会是可行的？

接下来回顾一下，协同用户创新是由参与分担创新工作的个人来执行的。开源硬件设计项目，如第一章描述的Nightscout项目和开源软件项目都是协同用户创新的例子。在这些项目中，参与者并不是他们所创造的创新设计的对手。（如果是，他们就不会合作。）

　　像个体用户创新一样，协同用户创新不需要投资于与潜在采用者的沟通。然而，他们必须投资于与同样参与项目的其他人的沟通。他们必须互相告知正在进行的设计工作，并且必须相互协调，以创建一个整合良好的完整设计。因此，在协同用户创新项目中，沟通成本并不为零，所以我们又回到了 $v_i > d_i + c_i$ 的可行性不等式。

　　协同创新项目与个体用户创新相比，有两个主要优势。从参与者的角度来看，第一个优势与获得的产出价值有关：每个参与者只承担项目设计成本的一小部分，但通过使用，则会获得整个设计的价值，包括他人的补充和改进生成的价值（von Hippel 和 von Krogh，2003；Baldwin 和 Clark，2006b）。例如，如果你和我有一个共同的目标，即改进糖尿病患者使用的医疗设备的设计，你可能会决定改进电子系统的设计，而我可能会决定改进硬件的设计。最后，如果我们互相展示彼此的改进方案，每个人都可以使用这两项改进的设计，同时只单独承担其中一项改进的设计成本。

　　由于外观设计是非竞争性商品（你和我都可以使用一项外观设计——我不会与你争夺使用权），如果协同项目可行，并且涉及的额外沟通成本不超过个人参与者通过分担设计成本而节省的费用，那么考虑创新的非竞争性个人应该总是更偏向参与协同项目而不是单干。

　　相对于单个创新项目，协同项目的第二个主要优势是极大地扩展了用户创新的可行创新机会的范围。这是因为总体项目成本不再局限于个人可行的设计成本水平。

　　图3-2显示了这两种因素是如何发挥作用的。图中底部阴影区域内矩形的水平范围（即宽度）代表合作项目（d_i）中每个参与者的可行设计成本。（在上文的例子中，一个矩形可能代表改进糖尿病设备电子元件的人员所付出的努力，而另一个矩形可能代表改进硬件的人员所付出的努力。这些矩

形反映了各个贡献者的情况，不一定等宽。）图中底部阴影区域的宽度显示了协同用户创新项目可行的设计规模。从图中可以看出，规模可能相当大——项目成本可以是许多人愿意为部分设计付费的总和。如果一个项目有N个参与者，每个人都贡献自己的一部分，那么设计投资总额就是他们各自设计成本的总和。

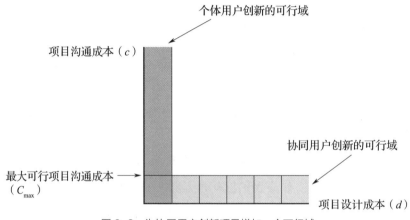

图 3-2　为协同用户创新项目增加一个可行域

图3-2中顶部的水平线（更确切地说，是这条线和横轴之间的距离，即高度）代表项目的最大可行沟通成本。其计算方法是，考虑到各合作方各自从合作中获得的利益，它等于各个合作者准备承担的最大沟通成本的总和。从概念上讲，应该明确的是，与团队沟通的成本越低，其他成员的贡献必须达到的阈值就越低，以证明合作的尝试是合理的。这就意味着，由互联网带来的较低沟通成本对于协同用户创新模式可行的创新机会的范围至关重要。

较低的沟通成本以两种方式影响不等式 $v_i > d_i + c_i$。首先，它们降低了合作的直接成本，因此增加了个人贡献者发现和加入项目并为之贡献价值的可能性。其次，增加了其他人对项目做出贡献的可能性。如果成本高于

C_{max}，如图 3-2 所示，一个协同项目根本无法启动。但是，如果每个人的沟通成本都很低，那么团队中的每个成员都倾向于为总体方案贡献设计，并期望其他人贡献补充设计或改进他（或她）的设计。同样，结果取决于这样一个事实，即创新设计本身是非竞争性商品。参与协作的每个人都获得了整个设计的价值，但只付出了一小部分设计成本（Baldwin 和 Clark，2006b）。

从经济意义上讲，协同用户创新项目通常是"开放的"（也就是说，创新设计信息免费向所有人公开），因为排除搭便车者的筛选机制或其他保护措施会增加成本，并且搭便车者不会对用户创新产生任何负面影响。回想一下，免费搭便车者是指那些从项目设计中受益但没有做出任何贡献的人——当他们不付费或不做出贡献而采用创新时，他们就"免费搭车"了。保护措施会缩小潜在贡献者的范围，从而缩小项目的总体规模。协同创新模式的网络属性（事实上，每个人的价值会随着贡献者总数的增加而增加）意味着贡献者池的缩小将减少项目对留下来的贡献者以及搭便车者的价值（Raymond，1999；Baldwin 和 Clark，2006b；Baldwin，2008）。

当然，任何潜在的贡献者也可能决定不设计和贡献一个对原有贡献者来说可行的补充内容，而是希望其他人会做这项工作。这就是众所周知的搭便车动机。但是，对于许多人来说，一些因素可以压倒这些想法，诸如紧迫性和完成工作的自我回报之类，从而使项目变得可行。

对于生产商来说，什么时候创新机会是可行的？

接下来，让我们考虑生产商创新可行的创新机会空间。回顾一下，生产商创新者（Producer innovators）是一个单一的、非合作的公司，创新的目的是出售它。通常情况下，生产商比个人更容易从经济上证明进行大型设计是合理的，因为他们希望将设计成本分摊给众多购买者。

尽管生产商是单个组织，但与受沟通成本影响的单个个体不同，他们可能会使用公司外部的设计人员，然后必须与这些外部的个人或组织进行沟通以进行协调。此外，为了证明投资一项创新是合理的，他们必须出售创新。因此，他们必须通过投资于营销传播让潜在买家意识到他们销售的产品。这种投资往往数额巨大，许多生产商的营销预算规模就清楚地证明了这一点。

让我们假设一个生产商知道设计成本（d_p）和沟通成本（c_p），这是开发创新和传播信息给潜在采用者所必要的成本。我们还假设生产商知道每个潜在采用者对创新的价值 v_i，以及能够更便宜地实现自我供给而退出生产商潜在客户列表的潜在采用者的数量——换句话说，生产商知道每个客户愿意为生产商版本的创新产品或服务付费。根据微观经济学中的标准推理，生产商创新者可以将这种关于消费者的知识转化为需求函数 $Q(p)$，它将每一个可能收取的价格与在该价格下能够出售的产品或服务的数量联系起来。根据需求函数，生产商创新者可以求解价格（p^*）和数量（Q^*），使其预期收入（减去生产和交易成本的净值）最大化。接下来，则可以从净收入中减去其设计（d_p）和沟通（c_p）成本，以计算其预期最大利润 P^*：

$$P^* = p^* Q^* - d_p - c_p \tag{3}$$

如果生产商预期某一特定创新机会会带来正利润，那么作为一个理性的行动者，它会进入市场提供创新。换句话说，对于这个机会，生产商创新者模式是可行的。相反，如果其预期利润为负，生产商就不会进入，生产商创新模式就不可行。如图3-3所示，零利润线是设计和沟通成本空间中的一条负45°线：$p^* Q^* = d_p + c_p$。对于这条线所形成的三角形范围内的创新机会，生产商可以预期利润。因此，这些机会对生产商来说是"可行的"。在三角形之外，创新机会则不可行（Baldwin 和 von Hippel，2011）。

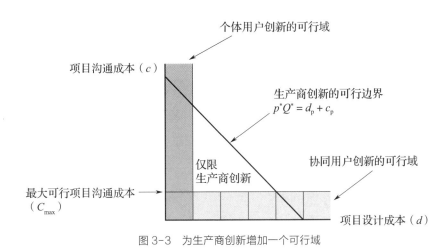

图 3-3　为生产商创新增加一个可行域

降低生产成本和交易成本

回想一下，在本章开始时，为了集中讨论设计和沟通成本对三种创新模式的对比影响，我们做了一个简化的假设，即生产成本和交易成本在所有三种模式中都是相似的，因此任何一种模式相对于其他两种模式都没有影响。我现在把这两项成本重新考虑进来，并讨论三种模式的生产或交易成本是否存在系统性差异。实际上，我们现在将把所有四个成本变量——设计成本 d_i、沟通成本 c_i、生产成本 u_i 和交易成本 t_i——纳入创新机会可行性的评估中：

$$v_i > d_i + c_i + u_i + t_i$$

这一讨论将表明，在许多情况下，生产成本的因素可能有利于生产商，而不利于用户创新者，但随着时间的推移，生产成本的因素将趋于中立。另一方面，交易成本的因素则有利于用户创新者而不是生产商。

生产成本

回想一下，设计是生产新产品或服务所需要的信息，即"配方"。对于本身由信息组成的产品，例如软件，生产成本只是复制一份设计的成本——基本为零。然而，对于实物产品来说，设计方案在使用之前必须转换成实物形式。在这种情况下，输入包括设计说明、配方以及执行这些说明所需的材料、能源和人力。输出就是产品，即转化为可用形式的设计。

生产商创新相对于个体用户创新和协同创新项目的主要优势之一是大规模生产技术的规模经济。大规模生产在20世纪初开始普及，是一种以很低的单位成本生产大量实物产品的技术（Chandler，1977；Houn-shell，1984）。大规模生产中的规模经济通常依赖于反复使用单一设计（或少量设计）。在传统的大规模生产中，改变设计会中断产品流程，并产生安装成本和转换成本，从而降低流程的整体效率。

个体用户创新或协同创新项目能否将他们的各种设计转化为与大规模生产商的产品在经济上具有竞争力的实物产品？越来越多的人认为答案是肯定的。今天的大规模生产商可以将他们的生产技术设计成独立于其生产所设计的许多细节。这种工艺被称为"大规模定制"。计算机控制的生产机器可以调整生产成本，生产出独一无二的单件产品，其成本与使用相同的机器生产大量相同产品没有区别（Pine，1993；Tseng和Piller，2003）。当大规模定制成为可能时，生产商原则上可以将其低成本、高产能的工厂用于生产由个人创建的设计和协同用户创新项目。此外，越来越多的个人可以购买专为个人使用设计的生产设备，如个人3D打印机，从而拥有自己的低成本生产能力，能够完全独立于商业生产者的工厂。

当然，在今后很长一段时间内，大规模生产的经济性仍将在很大程度上依赖于对产品和特定产品生产系统的微妙而又精细的协同设计。在这种情况下，生产商创新者将继续在为大众市场设计和生产产品与服务方面拥有优势。

交易成本

如果生产商创新者在某些（但不是全部）生产技术方面具有生产成本优势，那么个体用户创新者和协同用户创新者在补偿交易成本方面就具有优势。根据定义，它们（后两者）没有交易成本。

考虑到通常假设的创新交易成本包括建立创新设计专有权的成本——例如，通过保密或获得专利。还包括防止外观设计被盗的成本，例如，通过限制访问或强制执行竞业禁止协议（Teece，2000；Marx，Strumsky和Fleming，2009）。最后，销售和收款的成本以及保护双方免受机会主义影响的成本也包含在交易成本中，而且可能相当大。还可能包括讨价还价和撰写合同的成本（Hart，1995），再加上转让和补偿的会计成本，以及最后监管和执行协议的成本（Williamson，1985）。

生产商创新者必须承担这些交易成本。根据定义，他们从与客户、员工、供应商和投资者的有偿交换中获得收入和资源。经济学、管理学和战略领域的大量分析都在考虑如何通过重新安排企业的边界或产品和流程的结构来最小化交易成本（关于这些文献的综述，见Williamson，2000；Lafontaine和Slade，2007）。对于生产商创新者来说，交易成本是做生意不可避免的成本。

个体用户创新者不会产生交易成本。根据定义，他们不保护自己的创新设计。协同用户创新者既不出售产品，也不为成员的贡献支付报酬。当然，如果个人或团体决定不完全放弃对其知识产权的要求，交易成本可能会悄然出现。例如，开放源码软件项目通常主张对其项目创建的软件代码拥有版权，这样做是为了保持开放访问而不是限制它。基于版权法的通用公共许可证（GPL）用于保护所有人查看、修改和分发带有该许可证的开源软件代码的权利（Stallman，2002；O'Mahony，2003）。实施GPL的成本类似于经典的交易成本，都是为了维护和执行产权。尽管有这个小小的例外，但很明显，自由披露的个体用户创新者和开放的协同创新者比生产商创新者具有交易成本优势。

创新的混合模式

理论发展通常以简单为最佳，比如我和Baldwin描述的创新三极模型。相比之下，现实往往是复杂的。混合创新模式结合了本章前几节分析的三种基本模式的要素。这三种基本模式的混合体在现实世界中蓬勃发展。这是因为旨在实现特定功能的设计架构通常可以采用多种形式，适合通过组合我们的三种基本模式进行开发。例如，生产商创新者或个体用户创新者可以选择将产品架构模块化，形成一个组合。其中大型组件只能由生产商创新者开发，加上许多小型组件可以由个体用户创新者或协同用户创新者开发（Baldwin和Clark，2000）。举例来说，英特尔为计算机开发昂贵而复杂的中央处理器（cpu）芯片，这种设计任务如今可能只对生产商创新者可行。对于追求利润的生产商创新者和/或用户创新者来说，单独或合作进行小型软件和硬件设计的互补机会是可行的。

大型不可分割的设计项目，传统上一直处于图3-3的生产商创新的专属区域，传统的以生产商为中心的设计方法的重新架构和（通常）模块化，可能促成创新的混合模式。例如，新药临床试验的成本通常被认为非常高，以至于只有在生产商创新者对被试药物进行强有力的知识产权保护后，才会认为这一开发任务可行。然而，我们正越来越多地学习如何将临床试验——传统上由药品生产商承担的巨额成本——细分为适合合作个体自愿、无偿参与的部分。最近，在PatientsLikeMe公司开发的一个网站的支持下，ALS患者自己进行了一项锂对肌萎缩性脊髓侧索硬化症影响的试验，证明了这种可能性（Wicks，Vaughan，Massagli和Heywood，2011）。

讨论

从根本上说，在自由经济中，收益大于成本的组织形式才会存在（Fama和Jensen，1983a，b）。反过来，成本又是由技术决定的，并随着时间的推移而变化。Chandler（1977）认为，由于技术进步导致大规模生产成本下降，加上运输和能源成本下降，现代公司成为一种可行的组织形式，并且在某些领域占据主导地位。按照Chandler的逻辑，当某一组织形式由技术决定的成本较低时，该组织形式将会盛行；当该组织形式的成本相对于其他组织形式的成本下降时，该组织形式相对于其他组织形式会发展壮大。

要理解个体用户创新和协同用户创新的可行区域随着时间的推移而不断扩大，只需要理解个体的设计和沟通成本由于外生技术趋势而一直在下降，并且这种情况可能会持续下去。

一般来说，个体可使用的基于计算机的设计工具成本的快速下降以及质量的不断提高，驱动了许多领域的设计成本不断降低。在那些不使用数字方法进行设计的领域，针对特定领域的工具的快速发展也产生了同样的效果。例如，在DIY生物学领域，简单而强大的基因组操作技术使几乎没有受过训练的个人也能够参与基因工程和创新（Delfanti，2012）。

用户创新项目的沟通成本的降低在很大程度上得益于互联网。就像设计工具一样，"虚拟现实"工具，以及其他尚未预见到的与沟通相关的新工具，将扩大用户创新及传播的规模和范围。核心技术趋势似乎总是朝着提升基本认识的方向发展，从而迅速或最终提高家庭部门创新者的重要能力。

关于基于自由设计的实物产品的生产，技术趋势正越来越多地使家庭部门创新者能够将他们设计的东西变成可用的实物形式，从而完成整个开发过程。如前所述，个人和商业生产机器越来越有能力生产出独一无二的单件产品，其成本不高于用相同机器生产的一系列相同产品的单位成本（Pine，1993；Tseng和Piller，2003）。

总之，作为这些外生技术趋势的结果，生产商创新者以及创新研究者和决策者，越来越需要了解作为创新产品、流程和服务开发者的自由个体用户创新者和协同用户创新项目，并与之抗衡（Benkler，2006；Baldwin和von Hippel，2011）。为了直观地理解这一效果，想象图3-3中有许多点，每个点代表一个创新机会。随着设计和沟通成本的下降，每个点都向左侧和下方移动。由于这种普遍的移动，一些创新机会将离开只有生产商创新才可行的区域，进入个体用户创新和协同创新也可行的区域。

尽管并非所有的设计都受到同样的影响，但Baldwin和我认为，计算成本、沟通成本和单位生产成本的下降对整个经济的影响，足以改变本章讨论的三种不同创新模式的相对重要性。

数字时代的

Free Innovation

用户创新

第四章

用户创新者的开拓

在第一章中，我解释了用户创新范式下创新者的动机和行为与生产商创新范式下创新者的动机和行为有本质区别。因此，在这两种范式下创造的创新成果也应该存在系统性差异。事实上，识别和澄清这些差异，是用户创新范式可以为研究人员、政策制定者和实践者提供的重要价值。在接下来的内容中，我将结合创新发展来说明这一重要问题。在第五章中，我将对创新扩散做同样的研究。

我将重点讨论的范式之间的具体区别是，在新应用和新市场的情况下，用户创新者通常是开拓者，生产商则紧随其后（Baldwin，Hienerth 和 von Hippel，2006）。我将记录这种模式，然后解释随着新领域或新应用的成熟，用户创新和生产商创新的速度会发生什么变化。

为什么用户创新者是开拓者

为了理解用户创新者的先驱作用，请回顾第一章，生产商通常希望将他们的设计成本分摊给许多购买者。然而，要证明这种预期是合理的，生产商需要确信许多客户实际上会对他们计划开发的产品感兴趣。他们还需要确信，他们能够以某种方式建立垄断权，以有利可图的价格服务于市场。相比之下，这些方面的信息对个体用户创新者来说无关紧要，他们只关心自己的需求和自我激励——这些都是他们能亲身体会的。

在新应用和新市场的诞生之初，通常不存在关于需求程度的可靠信息，在这些新市场中，用户试图做一些新奇的事情——比如尝试第一台滑板或第一台心肺机。在这个阶段，市场很小，客户需求也不明晰。因此，在个体用户创新者确定该机会是否可行所需的信息出现很久之后，生产商才能够确定对该创新机会采取行动是否有利可图。这种差异让我们可以推断，个体用户创新者通常会在生产商之前在新应用和新市场上进行创新（Baldwin，Hienerth和von Hippel，2006）。

历史研究确实支持个体用户创新者的开拓模式。许多研究都描述了一系列事件，从第一架飞机的开发（Meyer，2012），到第一台个人电脑（Levy，2010），再到第一台个人3D打印机（de Bruijn，2010），用户创新爱好者先于生产商进入新应用和新市场。因此，Meyer记录了飞机的先驱开发人员是自我激励的试验者，个体创新者自由地分享他们的发现，而早期的生产商并不会这样做。"早期的飞行实验人员是不同寻常的，他们是根据自己对飞行项目的独特兴趣和对自己能做出贡献的信念而自我选择的。他们对最终目标感兴趣。这有助于解释为什么他们会在俱乐部、杂志和网络上分享他们的发现和创新（Meyer 2012，7）。"

用户创新者的开拓精神在两项探索新领域创新来源的定量研究中也非常明显。下面我将简要回顾这两项研究的结果。

用户创新者在激流皮划艇开发中的开拓性证据

我将回顾的两项研究中的第一项，即涉及激流皮划艇运动中使用设备的创新。激流皮划艇需要使用专门的皮划艇在汹涌的激流中穿梭，还需要表演杂技动作或技巧，如旋转和翻转。这项运动大约始于1955年，当时一些有冒险精神的皮划艇选手开始开发新的游戏形式——侧身或向后进入激流的方法。很快，这些极限桨手找到了彼此，组成了小团体，一起享受和发展这项运动。从最初的小项目开始，激流皮划艇运动慢慢发展到相当大的规模。在20世纪70年代中期，美国只有大约5000名激流皮划艇"爱好者"（经常参加）（Taft，2001）。到2008年，这项运动已经传播到世界各地，120万人参与其中，约占所有划船活动的15%（Outdoor Foundation，2009，44）。到2009年，参与者在装备、旅行和其他服务上的支出达到了每年数亿美元（Outdoor Industry Foundation，2006；Outdoor Foundation，2009）。

Hienerth（2006）及Hienerth，von Hippel和Jensen（2014）研究了1955年至2010年激流皮划艇的创新历史，仔细记录了皮划艇专家和田野历史学家认为"最重要"的创新的性质和来源。在这项工作结束时，我和同事们收集了108项重要创新的样本，这些创新是在这项运动创新历史的四个不同阶段开发出来的。

如前所述，在第一阶段（1955—1973年），激流皮划艇是由冒险的皮划艇运动员发明的，这项运动的基本规则是由皮划艇运动员自己制定的。皮划艇运动员也是第一阶段中唯一重要的设备创新开发者，共开发了50项。在第一阶段接近中期时，小型生产商开始用皮划艇选手开发的新产品来服务这个新生的市场。在这一阶段，生产商没有开发出重要的创新。

在第二阶段（1974—2000年），激流皮划艇技术和设备继续快速发展。在这个阶段，皮划艇运动员开发了30项重要创新，生产商开发了10项。其中一项重要的生产商创新是研制了第一种旋转成型塑料皮艇壳。这比皮划艇选手和生产商之前生产的玻璃纤维版本要坚固得多。它们是皮划艇运动员学习如何在越来越汹涌的水域中活动和比赛时必不可少的辅助工具。

第三阶段（1980—1990年）与第二阶段的中期有所重合，最终大约有1000个熟练的皮划艇手脱离了这项运动的主要做法，开发了一种新的激流游戏形式，他们称之为"喷射艇"。喷射艇涉及新动作的开发（"3D动作"），部分动作在水下完成，设计新颖。喷射艇的浮力很小，只有熟练的桨手才能安全驾驭。皮划艇运动员们是第三阶段中唯一的创新者，他们共同开发了10项重要的创新。

在第四阶段（2000—2010年），由于皮划艇运动员开发的"竞技皮艇"（rodeo kayak）船体设计被普遍采用，划船运动基本上重新融入了主流运动。竞技皮艇的船身中间有很大的浮力，但船的两端浮力很小，这样即使是非专业玩家也可以做出许多3D动作，如将船头或船尾压在水下，以及做端到端翻转动作。在第四阶段，皮划艇运动员没有开发出重要的设备创新，而生产商开发出了四项。

上述激流皮划艇的重要创新的来源如图4-1所示。可以看出，皮划艇用户显然是这项新运动的创新先驱，比生产商早了20多年。此外，皮划艇用

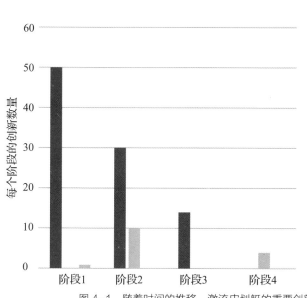

图4-1 随着时间的推移，激流皮划艇的重要创新来源

户显然是这项运动的重要创新的主要来源。在108项最重要的设备创新中，87%是由皮划艇用户开发的；只有13%是由所有皮划艇生产商共同开发的（Hienerth，von Hippel和Jensen，2014）。从图中也可以看出，用户和生产商的重要创新率都随着时间的推移而下降（下文很快会回到这个问题上）。

激流皮划艇运动的创新模式显然符合本章开头的论点。与这一论点的前提一致的是，在接受调查时，激流皮划艇的运动员几乎完全是受到自我激励，这种自我激励可以从新运动开始的时候就充分获得。从表4-1可以看出，自我激励主要是个人使用他们的皮划艇创新成果。他们还自由地与其他运动员和生产商分享他们的设计（Baldwin，Hienerth和von Hippel，2006；Hienerth，von Hippel和Jensen，2014）。

表4-1 家庭部门激流皮划艇设备创新者的平均动机

期待个人使用带来的好处	61%
创造创新的乐趣	17%
帮助他人（利他主义）	10%
从创造创新中学习	8%
其他动机	2%
创新销售的潜在利润	1%

资料来源：Hienerth，von Hippel和Jensen，2014，表6，样本量为201。

相比之下，生产商的动机是销售和利润。显然，从这项运动开始到20世纪70年代中期，其潜在市场规模很小（在这项运动开展20年后，只有5000名爱好者参与，他们大多自行设计和制造适合自己的赛艇），与2010年之后出现的超过100万参与者的大市场相比，对生产商的吸引力较小。因此，皮划艇运动中用户创新者的开拓模式是显而易见的，具有良好的经济意义。

科学家在科学仪器创新方面的开拓性证据

第二项研究显示，用户开拓新市场和新应用的模式同样清晰。在这种情况下，对比并非在家庭部门的创新者和生产商之间；而是在受雇于大学与公司的科学家和科学仪器的生产商之间。但二者的动机是一样的：科学家开发并改进新仪器，是为了在科学工作中使用，而生产商开发新型仪器是为了将其出售给许多用户。

William Riggs和我研究了影响电子光谱学中使用的两种相关仪器的重要创新的来源和时机（Riggs和von Hippel，1994）。化学分析电子能谱仪（ESCA）和螺旋电子能谱仪（AES）均用于分析固体表面的化学成分（Riggs和Parker，1975；Joshi，Davis和Palmberg，1975）。在1994年的研究中，Riggs和我确定了64项创新，这些创新被这些仪器类型的用户和生产商专家认为很重要。研究从1953年左右的最初发明开始，一直延续到1983年。

如图4-2所示，ESCA和AES的重要创新模式与激流皮划艇的创新模式非常相似。科学家是这两类仪器以及所有早期重要改进的最初开发者；生产商直到几年后才开始创新，他们的第一项重要创新是在1969年。还要注意的是，正如在激流皮划艇运动中一样，尽管ESCA和AES仪器的总销量在上升，但科学家和生产商产生重要创新的频率最终都有所下降（图4-2）。

科学家和生产商之间创新动机的区别体现在他们开发的创新类型上的明显差异。如表4-2所示，科学家们倾向于开发创新技术，使仪器能够首次做定性的新型工作。这些功能可能只有创新者自己感兴趣，也可能是市场上其他一部分人感兴趣的。相比之下，生产商倾向于开发能使仪器在总体上更方便、更可靠的创新产品，所有潜在客户至少都对此感兴趣。例

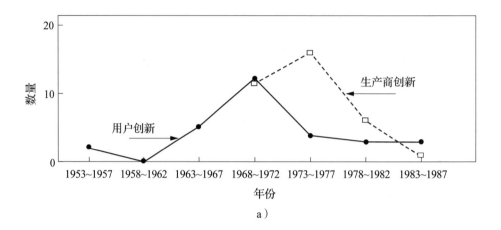

a）

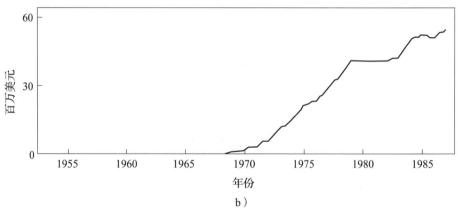

b）

图 4-2 ESCA 和 AES 的创新频率和销售额

资料来源：Riggs 和 von Hippel，1994.

表 4-2 按改进性质分列的科学设备创新来源

创新提供的改进类型	创新产生于		总计（n）
	使用者	生产商	
新的功能能力	82%	18%	17
灵敏度、分辨率和准确性	48%	52%	23
便利性或可靠性改进	13%	87%	24

资料来源：Riggs 和 von Hippel，1994，表 3，样本量为 64。

如，科学家用户最先对仪器进行改装，使其能够对亚微观尺度上的磁畴进行成像和分析，这种功能只有一些用户感兴趣。相比之下，生产商率先将仪器调节电子化，以提高操作简便性，这是所有用户都感兴趣的功能。如数据所示，灵敏度、分辨率和准确性的改进处在中间位置。这些类型的改进可能是由于科学家希望用他们的仪器做特定的新事情，或者生产商发挥他们的技术专长在一般价值维度上（例如精度）改进产品（von Hippel，2005）。

科学家创新者和生产商创新者之间的显著差异还体现在两类创新者所开发创新的科学重要性和商业重要性上。Riggs 和我发现，科学家开发的创新的科学重要性平均显著高于生产商开发的创新（$p < 0.001$）。然而，生产商开发的创新的商业重要性平均显著高于科学家开发的创新（$p < 0.01$）。

如何理解这些模式？我认为，其中逻辑与前文所述皮划艇创新研究的逻辑相同。科学家的奖励基于创新对其自身工作的研究价值以及其发展的"科学重要性"，他们首先进行创新，而不关心创新的商业市场的潜在规模。相比之下，生产商要等到市场的性质、规模和潜在盈利能力明确之后，才会投资于创新开发。当生产商进行投资时，往往会侧重于整个市场感兴趣的创新，如便利性和可靠性改进，而不是只有某些细分市场感兴趣的创新。

为什么用户创新者和生产商创新者的创新频率都在下降？

我们现在明白了为什么用户创新者会成为家庭部门中新市场和新应用的开拓者。但图4-1和图4-2中明显可见的创新频率下降的原因是什么？如图所示，即使市场规模扩大，用户创新者和生产商创新者的创新频率也会下降。换言之，与开拓创新相比，这一效应既适用于用户创新范式的参与者，也适用于生产商创新范式的参与者。

Baldwin、Hienerth 和我对这一模式的解释是，首先，新领域或新市场的发现开辟了一个新的"设计空间"（Baldwin，Hienerth和von Hippel，2006）。例如，在皮划艇运动中故意使用湍急的激流，而不是像传统皮划艇运动员那样避开湍流，这是一个新的设计空间的创造。这个空间包含了所有潜在的活动类型——这些活动类型在新空间首次被感知时还没有被探索甚至还没有被想象出来——可以在激流中用手动皮划艇来完成。它还包括实现这些活动所需的所有可能的技术和设备设计。然而，任何一个固定的设计空间内有价值的创新机会都是有限的。随着时间的推移和搜索的继续，新设计空间中有价值的机会将逐渐被发现和挖掘出来，这是合理的。因此，搜索每一个日益稀少的未被发现的机会的成本将会上升，最终导致创新者无法继续搜索。我和我的同事们认为，这种"挖掘"就是为什么在激流皮划艇和两种科学仪器领域中发现的创新数量随着时间的推移而减少的原因。

然而，请注意，在图4-1和图4-2中，我们可以看到，在激流皮划艇和科学仪器领域，生产商创新频率的下降比用户创新频率的下降慢。如果设计空间实际上被"挖空"了，为什么会出现这种情况？答案是，销售额的稳步增长（如图4-2b所示的ESCA和AES仪器的情况）使得设计空间中的创新机会越来越多，对生产商来说在财务上是可行的。对于许多人来说，价值相对较小的创新——随着空间被挖掘而剩下来的创新——只有在有许多潜在买家的情况下才能被证明是合理的。当然，与此相反，随着商业市场的增长，用户创新者在设计领域的可行创新机会并不会增加，他们的自我激励不会受到市场规模的影响。

尽管"挖空"是我们对两个案例中创新频率下降的一个解释，但我需要提醒各位，这种影响只存在于"合法"设计空间的一个稳定甚至限制性的定义中。例如，激流皮划艇比赛的规则隐含地要求只能使用手动皮划艇，不得使用摩托艇。如果在这项运动的定义中允许使用马达，合法的设计空间显然会更大，"挖空"可能需要更长的时间。就那两种科学仪器而言，设计空间仅包括两种具有共同工作原理的仪器类型。如果设计空间扩大到包括任何可能的方法来分析固体表面的化学成分，那么它显然会更大。此外，在对设计空间的边界没有共识的情况下（例如，如今对人们认为可以合法纳入智能手机中的功能是没有限制的），"挖空"对于理解机会发现和创新发展的成本和速度的变化并不是一个有用的概念。

最后，请允许我指出，我们在两个案例研究中发现的是重大创新的机会。在任何确定的设计空间内，机会也将存在于Hyysalo（2009）所称的"微观创新"层面。这些创新机会可能永远不会被挖掘出来。例如，每个激流皮划艇运动员都可能会对自己的设备进行细微调整，以更好地适应自己的身体状况、执行特定动作的具体方法，等等。类似地，科学仪器的用户将不断发现对微创新的需求，以适应实验方案中的微小变化、正在进行的实验中使用的其他仪器的变化等。这样的机会甚至可能在固定的设计空间内继续存在，用户创新者和生产商创新者都可能无限期地采取行动以利用这些机会。

讨论

回顾一下，用户创新范式和生产商创新范式之间的一个基本区别是前者不存在有偿交易：由于用户创新的自我激励性质，因此它既不需要建立知识产权，也不需要通过交易向他人出售。这种内在差异并不能使一种模式比另一种模式"更好"。这仅仅意味着，在两种模式中进行的创新类型存在着系统性的差异。

正如我们在本章中所看到的，一个系统性的差异是，用户创新者倾向于尽早进入一个新领域，通过满足自己的需求开拓新的应用和市场。通过他们的努力，是否存在潜在的有利可图的商业市场这一问题变得更加清晰。

如果用户创新者的活动确实揭示了商业潜力，生产商将紧随其后进入市场，然后将其创新开发工作的重点放在便利性和可靠性等一般需求上。如果没有发现潜在的盈利市场，用户创新者将是唯一进入该领域的人，任何扩散都将仅通过免费的点对点传输进行（Hyysalo 和 Usenyuk，2015）。

用户创新者专注于开放式创新，这意味着，在开发创新的时候，用户创新对于生产商的即时利润往往不如生产商开发的创新具有"商业重要性"（Riggs 和 von Hippel，1994；Arora，Cohen 和 Walsh，2015）。这是因为，正如我们在本章中看到的，生产商比用户创新者进入市场的时间更晚，而此时新市场更大。例如，相对于当今飞机设计的巨大市场，用户创新爱好者开发的初始飞机设计的商业价值基本为零（Meyer，2012）。然而，创新重要性的利润衡量指标显然必须放在用户创新者开拓的更大背景下去看待。一个新的开发项目或市场要想在商业上发挥重要作用，必须首先进行开拓——正如我们所看到的，用户创新者在这里发挥着非常重要的作用。

Free Innovation

第五章

用户创新的扩散不足

在上一章中，我指出创新开拓是在用户创新范式和生产商创新范式下进行创新发展活动的一个重要内在区别。在本章中，我确定了这两种范式在创新扩散方面的重要内在差异。基于此，我将进一步说明用户创新范式所提供的研究和实际效用。

我将关注的是与创新扩散相关的问题，用户创新者在投资于用户创新的扩散方面存在系统性不足。我提出了这一不足的证据，并且论证它是由用户创新者和搭便车的采用者之间缺乏市场联系造成的。在本章最后的讨论中，我会提出一些方法来解决此问题。

用户创新范式中的"市场失灵"

用户创新对社会的价值，部分来源于用户创新者通过他们所开发的创新产品来满足自己的需求。如果其他人也采用并受益于这些创新产品，其社会价值就会进一步增加。当然，为了实现第二种形式的价值，用户创新必须从开发者推广到自由采用者。

在第二章中，我们看到，90%以上的家庭部门创新者并没有试图保护他们的创意以免被搭便车的同行或生产商采用。我们同样发现，大多数人都非常愿意免费推广他们的创新给其他人。然而，仅仅是愿意让搭便车者采用创意设计，并不等同于投资支持以向搭便车者传播。

用户创新者在传播方面的投资可以增加社会福利，因为通常情况下，即使是相对较小的投资，也可以大大减少许多搭便车者的搜索和采用成本。例如，如果我作为一个用户创新的开发者，只需投入一点额外的努力，更清楚地记录我的开源软件代码，就可能大大减少成千上万的使用者安装和使用我的新代码所需要的时间。直观地看，如果我付出一点额外的努力，社会福利将会有净增长。

为了更准确地确定在这种情况下推广创新的理想支出水平，不妨将用户创新的开发者和潜在的搭便车者视为一个综合的"系统"，我们要为这个系统寻求最大的收益。假设对用户创新扩散的投资将降低搭便车者的采用成本，再假设额外的投资将以递减的速度降低采用者的成本。（例如，我改进软件代码文档的第一个小时可能会为免费使用者澄清很多问题，第二个小时的额外澄清就会少一些，以此类推。）当用户创新者或系统中的任何其他人在扩散方面多投资一美元，所有免费采用者的采用成本就会减少一美元时，系统效益就会达到最大化。

那么，问题是如何达到这种最佳的投资水平？问题在于，用户创新者必须承担扩散投资的成本，而免费采用者则得到了所有的好处，却没有分担这些成本。没有任何市场环节可以实现更适当的分配。像这样的情况在经济学中被描述为"市场失灵"。亚当·斯密用"看不见的手"这一令人回味的比喻，描述了对自身利益的追求如何导致购买者（他称之为"需求者"）和生产者共同参与市场，去生产"精确的数量……可能足以供应需求，并且不会超额供应"（1776，54，56）。如果市场没有实现这种平衡，如果购买者和生产者之间的互动不能有效分配资源时，市场就会失灵（同上，55）。用今天的话来说，当另一种可能的结果可以使市场参与者的处境更好，而又不至于使别人的处境更糟时，就会出现市场失灵（Knugman 和 Wells，

2006）。市场失灵又被认为是一种低效率，特别是信息和资源的低效率，需要政府的干预和补救（Bator，1958；Cowen，1988）。

缺乏市场联系和由此产生的市场失灵只影响用户创新范式。与此相反，在生产商创新范式中，存在着一种内在的直接市场联系，这种联系会奖励对推广的投资。当顾客购买生产商拥有垄断权的产品时，他们会以高于边际成本的价格将他们从采用创新中获得的部分利益转移给生产商。这使生产商获得了垄断利润，从而激励了其对创新扩散的投资，以期获得更多的销量。

上述两种范式中扩散激励水平的差异并不总是那么明显。如果用户创新者重视随着扩散而增加的自我激励类型，这种差异就可以部分甚至完全抵消。例如，用户创新者所体验到的利他主义的自我激励的"温情效应"，可能会随着采用其用户创新成果的人数的增加而增加。自我激励的成就感和自豪感也是如此。有时，创新的扩散越广，开发者的声誉收益就越大。

考虑到所有这些因素，在实践中，用户创新者的扩散力度是否普遍不足？我们在这个问题上还没有很好的数据作为支撑，但正如我们接下来所看到的，现有的证据确实指向这样的不足（de Jong von Hippel, Gault, Kuusisto, 和Raasch，2015；von Hippel, DeMonaco, 和de Jong，2016）。

用户创新范式的扩散途径

用户创新可能有两种扩散途径。首先，免费的创新设计信息可以自由地从用户创新者流向同行（正如第一章图1-1所示）。其次，如该图所示，创新设计信息可以免费传播给生产商，然后由生产商将设计商业化并卖给使用者（Baldwin, Hienerth, 和von Hippel，2006；Shah 和 Tripsas，2007）。

在第二章讨论的六个国家的代表性调查中，我和同事通过这两种途径收集了创新扩散的数据，如表5-1所示。在这六个国家中，通过这两种途径扩散的创新设计的比例从5%到21.2%不等。从表面上看，这种扩散水平似乎很低。然而，实际上，并非所有的用户创新都适合扩散。回想一下，用户创新者在自我激励下，可能会选择创建只对自己有用的设计。在这种情况下，没有扩散是完全合理的。因此，我们必须进一步研究用户创新范式在扩散方面是否确实表现不佳。

表5-1 用户创新的发展和传播：国家调查的结果

资料来源	国家	用户创新者		创新	
		人口百分比	数量	扩散率	IPR[a] 下的受保护率
von Hippel，de Jong 和 Flowers，2012	英国	6.1%	290 万	17.1%	1.9%
von Hippel，Ogawa 和 de Jong，2011	美国	5.2%	1600 万	6.1%	8.8%
von Hippel，Ogawa，和 de Jong，2011	日本	3.7%	470 万	5.0%	0.0%
de Jong 等，2015	芬兰	5.4%	17 万	18.8%	4.7%
de Jong，2013	加拿大	5.6%	160 万	21.2%	2.8%
Kim，2015	韩国	1.5%	54 万	14.4%	7.0%

a.知识产权。

除芬兰（18岁至65岁的消费者）外，所有的研究都抽样调查了18岁及以上的消费者。

三种与扩散相关的市场失灵的表现形式

在我看来，用户创新的开发者有三种选择，每一种选择都会导致用户创新范式下的系统扩散不足。首先，用户创新者可能不会选择设计一种对他人有价值的创新。其次，即使某项设计确实具有普遍价值，用户创新者也可能不会选择投资开发，因为投资的程度需要与该设计带给他们自己和搭便车者的总价值相适应。第三，用户创新者可能不会选择投资于积极传播与创新有关的信息，以降低搭便车者的采用成本。接下来，我将利用现有的少量数据，从概念上讨论这三种选择。

市场失灵类型 1：用户创新者创新的总体价值降低

即使稍加修改可以使自己的设计更好地为他人服务，但自我激励的用户创新者的动机可能往往是只关注自己的需求。当然，即使这样，由此产生的用户创新可能仍然对其他人有用。这取决于人们在这方面的需求有多相似。如果你和我有相同的需求，那么我是否根据自身需求开发一种新产品或服务并不重要——这个产品或服务也会对你有用。当然，如果我们的需求不同，那就不是这样了（Franke, Reisinger, 和 Hoppe，2009；Franke 和 von Hippel，2003）。

用户创新者中开发出可能对他人和自己都有益的创新成果的比例必须通过经验加以确定。因此，我和我的同事在第二章中，通过讨论在芬兰和加拿大全国家庭部门创新者的调查中增加的问题，收集了这方面的数据。在这两项调查中，受访者都被问及一些问题，以确定他们是否认为其他人会发现他们的创新有价值。他们的回答被分为表5-2所示的三组。从中我们可以看到，即使没有与搭便车者的市场联系，也有17%的创新者认为他们的创新对许多其他人有价值，另外有30%~40%的人认为他们的创新至少对某些人有价值。

这一部分很可能是用户创新者和潜在的搭便车采用者共同需求的结果，也可能是随着创新的扩散而增加的自我激励动机的结果。对芬兰的数据分析表明，后一种效应正在发挥作用。与完全没有利他主义动机的个人相比，表达任何程度的利他主义动机的个人（给帮助他人内在动机最少打1分，最

多打10分）明显更有可能创造出对许多人有价值的创新，如第一组所示
（χ^2=9.2，d.f.=2，p=.01）（de Jong，2015）。

表5-2　用户创新者进行创新的价值

价值	芬兰（n=176）a	加拿大（n=1028）
第一组：对许多人或几乎所有人都有价值	17%	17%
第二组：对某些人很有价值	44%	34%
第三组：除了开发人员之外，对少数人有价值	39%	43%
没有回答	0%	6%

资料来源：芬兰，de Jong, von Hippel, Gault, Kuusisto, and Raasch，2015，表5；加拿大，de Jong，2013, sections 3.3 a 和 b。

市场失灵类型 2：设计方面的投资不理想

即使用户创新者创造了一项对他人有潜在用途的设计，他们也可能没有动力去投资改进这项设计，使之达到与对自身和搭便车者的潜在价值相称的水平。例如，如果存在明显漏洞的代码或设计粗糙的硬件能够满足我的个人需求，我可能没有动力投资以改进我的设计，即使有1000个免费采用者会从我的设计中受益。用户创新者将遵循第三章中的可行性计算：他们只会根据自己的特定自我回报，投资于对自己最有利的设计。当然，当多个用户创新者合作开发一个项目时，对于整个项目的设计投资可能会高于单个开发者的项目。

市场失灵类型 3：用户创新者的扩散力度不足

市场失灵的第三种可能表现是，为促进用户创新者向可能从中受益的免费搭便车者扩散而进行的投资不够理想。在表5-3中，我们看到了芬兰

个人开发的创新案例中有与第三类市场失灵相吻合的证据（de Jong, von Hippel, Gault, Kuusisto, and Raasch，2015）。在该表的数据列中，我们看到超过75%的用户创新者没有在推广上投入任何努力，即使是在开发者认为具有很高价值的第一组的创新设计情况下。（用户创新者对价值的自我评估可能是对的，也可能是错的，但他们为他人的利益而进行扩散的努力——这里所关注的问题——将取决于他们自己的信念，而不是其创新的价值。）事实上，扩散的努力是如此微不足道，以至于我和我的同事不得不使用一个非常低的门槛来定义积极的扩散努力。如果一个创新者只是向一个或多个同行展示了该设计，那么就可以认为他努力在同行之间扩散创新。如果一个创新者主动向一家或多家商业公司展示了其创新，则被视为向商业公司扩散创新的努力。

表5-3 用户创新者所做的扩散努力

感知价值	用户创新者的扩散力度	
	为同行提供信息	通知生产商
第一组：对许多人都有价值	23%	19%
第二组：对某些人很有价值	21%	6%
第三组：无价值	12%	0%

资料来源：de Jong, von Hippel, Gault, Kuusisto和Raasch，2015, 表6。

除了发现总体的扩散努力水平非常低之外，我和我的同事们还发现，在点对点扩散努力的情况下，所付出的扩散努力与创新的总体价值之间没有显著关系（χ^2=2.5, d.f.=2, p=0.285）。如果存在刚谈到的市场失灵，这正是我们所期望看到的。请注意，我们看到的模式包括一些用户创新者努力向同行展示他们自己认为没有普遍价值的创新（表5-3中第三组的12%）。如果用户创新者有理由展示他们的创新，而展示的原因又与总体价值无关，就会造成这种情况。例如，他们可能希望向朋友们展示一个"很酷的项目"，而不考虑这些人是否会觉得它有用。

相比之下，用户创新者向生产商扩散其创新信息的努力，与他们对创新的总体价值的评估有很大关系。开发者认为一项创新的总体价值越高，就越有可能努力将其告知生产商（χ^2=12.2, d.f.=2, p=0.002）。当然，创新者只有在认为生产商可能会发现该创新具有商业意义时，才会努力告知生产商，这是完全合理的。毕竟，如果创新没有商业价值，那么吸引生产商注意的努力就变得无意义。不过，尽管如此，用户创新者只将他们认为对于他人具有最高价值的19%的创新告知生产商（表5-3第一组），这一事实再次表明在用户创新范式中存在着市场失灵，即在向使用者推广用户创新方面的投资激励不足。

讨论

我们现在有了一个强有力的逻辑论证和初步的经验支持，即用户创新者在扩散方面的投资通常达不到社会最优水平。正如已经讨论过的，在用户创新的情况下，这种情况是由于用户创新范式"内置"的市场失灵——用户创新者和自由采用者之间缺乏市场联系（de Jong, von Hippel, Gault, Kuusisto和Raasch，2015；von Hippel, DeMonaco和de Jong，2016）。

在讨论中，我首先指出，用户创新范式在这方面并不是唯一的缺陷。在用户创新范式和生产商创新范式中都存在扩散不足的问题——但不同的使用者类型会受到影响。接下来，我将简要探讨缓解用户创新范式中的扩散激励不足的三种可能的方法：市场解决方案、非市场解决方案和可能的政府政策解决方案。

排除不熟练使用者

扩散不足同时影响着用户创新范式和生产商创新范式，但其原因却有所不同。正如我们所看到的，在用户创新范式下，由于用户创新者没有太大兴趣进行投资推广，所以采用成本会高于社会最优水平。在生产商创新范式下，由于生产商的定价高于生产商的边际成本，导致了扩散不足。

知识产权使生产商能够收取垄断价格。（用户创新者和生产商创新者都有这些权利，但只有生产商才有理由需要这些权利：用户创新者只是将创新产品输出，对垄断定价不感兴趣。）尽管垄断定价可以提高生产商创新的积极性，但它们也导致了"无谓损失"。也就是说，垄断价格排除了那些如果以边际生产成本定价便会购买创新产品并从中受益的客户，但他们不会以生产商设定的较高价格购买。

被这两种不同形式的使用障碍所排除的潜在使用者的特征，可以形成一个有趣的对比。那些由于用户创新者对扩散的投资不足而无法采用用户创新的人，往往缺乏技术技能。相比之下，那些因垄断价格而不愿采用生产商创新的人，往往是资金较少的人。这种情况还没有被研究过，但我和我的同事认为它既合乎逻辑，又在日常生活中清晰可见。例如，有技术技能的人不需要钱就可以借助免费网站让自己的手机"越狱"，并逃避手机生产商的限制。之后，他们的手机就拥有了最新的免费功能。事实上，很多人都这样做了（Greenberg，2013）。相比之下，有钱、可能没有技术技能的人，更有可能支付手机生产商的垄断价格，购买具有最新商业功能的最新产品。

通过市场连接实现的解决方案

正如我们所看到的，用户创新方面的扩散不足可能是由于用户创新者和搭便车的采用者之间缺乏市场联系。因此，一个直接的解决方案可能是在他们之间建立一种市场联系。例如，人们可能会设计出一些非常便宜和简单的知识产权保护形式，以诱导用户创新者去保护和销售他们的设计，而不是采用免费的形式。换句话说，人们可以尝试引导用户创新者选择成为生产商创新者。

毫无疑问，这种方法在某种程度上是可行的。正如我们在第二章中所看到的，大约10%的家庭部门创新者已经属于"生产商"的范畴，其行为方式有利于扩散投资。然而，我自己并不认为这是一种可取的方法。通过引导更多的家庭部门创新者成为生产商创新者来解决用户创新模式的问题，也将减少我们已经看到的用户创新所提供的个人和社会优势。例如，它可能会降低用户创新者开拓新应用和新市场的规模。

非市场解决方案

有两种方法可以在用户创新范式的框架内，又增加有普遍价值的用户创新的传播量。其一是提高自我激励的力度，使其随着创新成果的扩散而增加；其二是降低创造和传播有普遍价值的创新的成本。

增加与推广创新产品相关的自我激励的干预措施，通常能够缓解传播市场失灵的所有三种表现，而这些表现正好在如今的用户创新范式中是存在的。这是因为，创造一种普遍有用的产品的兴趣很可能与设计好这种产品的兴趣联系在一起，也与促进其广泛传播的兴趣联系在一起。

如何增加用户创新者对推广投资的自我激励？"游戏化"是一种普遍有用的方法。众所周知，在没有获得任何实际产出的情况下进行的游戏，如单人纸牌游戏，都是自我激励的活动（Fullerton，2008；Schell，2008；Gee，2003）。操纵和提高这种自我激励的实用方法被称为游戏化（Zicherman和Cunningham，2011）。

用于促进传播的游戏化策略因动机类型而异。例如，人们可能会通过向用户创新者提供更多的信息，让他们知道有多少使用者会从他们对推广的投资中收益，从而增加与利他主义相关的自我激励水平。这一策略的一个例子是一家非营利性网站的创新，这个网站致力于收集未得到充分服务的罕见疾病患者最重要需求的数据（Oliveira, Zejnilovic, Canhão 和 von Hippel，2015）。网站管理者的目标是指导工程师和其他寻求为这些病人做出贡献的人，以帮助他们获得特别有影响力的机会。对于受到与声誉相关的自我激励的用户创新者来说，不同的游戏化策略都是有用的。例如，可以通过公开发布信息，介绍他们对于推广具有社会性意义的创新的投资，从而增加这些人获得声誉收益的可能性。

在降低用户创新和扩散的成本方面，许多具体成本似乎可以通过许多具体的方式来降低。例如，通过支持"创客空间"社区，可以降低用户创新者获得设计和生产工具的成本，在这些社区中，昂贵的工具被共享，因此对个人来说成本更低（Svensson 和 Hartmann，2016年）。更加强调设计工具的公开标准可以降低获取和学习这些工具的成本，也可以降低共享在一系列工具上创建的设计信息的成本。发布数字设计和设计信息的开放网站可以降低许多人的推广成本，等等。

通过强调对协同用户创新项目的支持，而不是对个体创新者所进行的用户创新项目的支持，也可以提高用户创新的传播性。现有证据表明，合作开发的设计比单个个体创造的设计更容易被传播。因此，研究日本家庭部门产品开发者的Ogawa和Pongtanalert（2013）发现，当开发人员属于合作社区时，同行采用率为48.5%。当开发人员不属于此类社区时，采用率急剧下降至13.3%。同样，de Jong（2013）在一项针对加拿大家庭部门创新者的研究中发现，对于合作项目，同行间传播和采用的概率为38%，而单一创新者项目的概率为20%。

我认为有两个可能的原因造成这种结果。首先，协同创新项目解决的需求可能更普遍——毕竟，至少有几个合作者感兴趣。其次，协同创新项目中采用者获得的信息可能比单一创新项目的信息丰富得多。这是因为协同项目的参与者必须记录他们的活动以协调他们的工作，而单个创新者不需要这样做。这些为内部项目使用而创造的更丰富的信息，可以无成本地溢出，使采用者受益。

政府支持的理由

刚才所述的一些措施，例如对创客空间的支持，可以受益于政府的支持。但是，政府为什么要关注改善只影响用户创新范式的推广呢？最根本的答案是，正如我们将在下一章中解释的那样，用户创新设计的推广和采用都会增加社会福利。除了极少数的例外，如危险物品的设计，如果设计是公共产品，任何人都可以免费使用或研究，那么社会就会受益。当然，增加社会福利也是政府进行干预的根本原因（Machlup和Penrose，1950；Nelson，1959；Arrow，1962）。

通过类比，如今的政府投资于弥补和抵消影响生产商创新范式的缺陷，特别是通过创建和支持精心设计且非常昂贵的知识产权制度来弥补这些缺陷。政府以预期的社会福利增长来证明这些投资和政策是合理的。以同样的理由对用户创新模式进行投资，也会创造更加公平的竞争环境。

数字时代的

Free Innovation

用户创新

第六章

用户创新者与生产商
之间的分工

在本章中，我解释了用户创新者和生产商创新者之间创新分工的价值。正如Gambardella、Raasch和von Hippel（2016）所表明的那样，如果生产商避免开发用户创新者已经"免费"提供的创新类型，那么社会福利和生产商的利润通常均会增加。相反，正如我和我的同事们所讨论的那样，生产商应该学会专注于开发与补充用户创新设计，而不是替代它们。此外，随着用户创新者能力的提高，创新任务可以且应该越来越多地转移到用户创新者身上——也就是说，创新任务应该转移到标准经济模式所认为的市场需求方。

首先，我将回顾用户创新范式和生产商创新范式之间的四种基本互动关系。随后我和我的同事将解释如何模拟这些相互作用的关系以及发现其对生产商利润和社会福利的影响。正如我们接下来所看到的，在某些条件下，生产商可以通过实际补贴用户创新来获利。

范式之间的四个主要交互

回顾第一章，用户创新范式与生产商创新范式之间存在四种不同的互动类型。为了方便，我们将图1-1所展示的内容复制到图6-1中。首先，用户之间通过用户创新范式进行扩散的设计可以与生产商通过市场扩散的产品竞争，从而形成我和同事们所说的自由竞争市场（free-contested market）。其次，用户之间通过用户创新范式扩散的设计可以与生产商通过市场扩散的产品和服务相补充，从而形成自由互补市场（free-complemented market）。第三，如向下指向的箭头所示，用户创新者"溢出"他们的无偿设计给搭便车的初创企业或现存生产商。第四，如向上指向的箭头所示，生产商可以提供工具和平台来支持和塑造用户创新。

在第一章中，我简要介绍了四种范式的相互作用。在这里，我将更详细地介绍每种范式。这将为探索与这些互动相关的生产商策略及其对社会福利的影响提供一个丰富的背景。

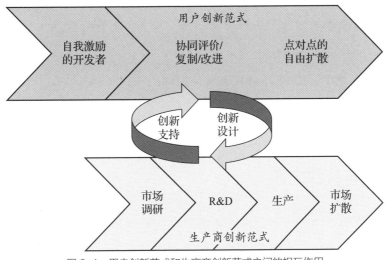

图 6-1　用户创新范式和生产商创新范式之间的相互作用

自由竞争的市场

当一项创新通过用户创新范式自由扩散到消费者手中，成为生产商扩散产品的全部或部分替代品时，生产商面临 Gambardella、Raasch 和 von Hippel（2016）所说的自由竞争市场。自由竞争市场涉及在垄断或不完全竞争的标准模式中未曾考虑到的一种生产商的竞争来源（见 Robinson，1933；Chamberlain，1962 等）。

在自由竞争市场中，消费者作为一个群体，可以获得额外的、非市场性的用户创新和创新设计选择。这种情况的一些后果已经在开源和非开源软件供应商竞争的案例进行了研究（Casadesus-Masanell 和 Ghemawat，2006；Economides 和 Katsamakas，2006；Sen，2007）。在这种情况下，生产商会因免费发布的开源创新而损失利润，即便这些创新不能完全替代生产商的商业产品。我们还发现消费者受益于开源替代品的存在，除非它迫使所有的公司退出市场，使免费的部分替代品成为消费者的唯一选择。生产商选择权的丧失影响了消费者的利益，因为这两种替代品通常不是完美的替代品——有些消费者会喜欢其中的一个，而另一些消费者则喜欢另一个（Kuan，2001；Baldwin 和 Clark，2006b；Casadesus-Masanell 和 Ghemawat，2006；Lin，2008）。

自由互补的市场

对于自由互补的市场，首先考虑单个产品或服务是更大系统的组成部分。例如，山地自行车是更大的系统中的一种产品，它与从山地自行车技术到头盔、轮胎打气筒、导航设备和车灯等各种互补系统相辅相成。从该系统内任何产品或服务的生产商的角度来看，系统中的其他要素都是互补的，从有用到必要，因此增加了"焦点"产品或服务的价值（我所关注的产品或服务）。因而，如果我购买了一款专业的山地自行车，想要熟练地使用，就需要山地自行车骑行技术的必要补充。自行车技术在很大程度上是通过同行之间的用户创新者进行扩散的，而不是被出售。换句话说，山地自行车生产商正在参与并受益于一个自由互补的市场。如果没有山地自行车技术的用户创新者的补充，专业山地自行车的市场将小得多。

自由互补的市场可能涉及与生产商的产品不同但互补的产品，如刚才提到的山地自行车骑行技术。自由互补市场还可能涉及对生产商的产品或平台的修改或补充。关于后者，可以考虑从音乐软件到计算机游戏软件等领域中对基本商业软件产品价值进行补充的软件修改和添加（Jeppesen 和 Frederiksen，2006；Prügl 和 Schreier，2006；Boudreau 和 Jeppesen，2015；Harhoff 和 Mayrhofer，2010）。自由互补的市场广泛存在的证据与传统的假设背道而驰，传统假设认为尽管消费者能够选择和组装互补品，但只有生产商提供这些互补品（Schilling，2000；Jacobides，2005；Adner 和 Kapoor，2010；Baldwin，2010）。

在互补系统中，生产商可以选择系统中最具有商业优势的产品来生产和销售。那么，他们会更希望其不销售的互补品以免费的形式提供给客户，而不是作为其他生产商销售的商业化产品或服务。原因在于，生产商互补者寻求从提供的互补品中获利，而用户创新者则不然。因此，免费的互补者留下更多的利润可供生产商从系统中提取（Baldwin，2015；Baldwin 和 Henkel，2015；Henkel，Baldwin 和 Shih，2013）。例如，如果用户创新者"免费"提供自行车技术的补充，那么山地自行车系统和山地自行车技术对山地自行车购买者的价值就会增加。拥有垄断权力的山地自行车生产商可以通过提高山地自行车的售价来获取免费技术创新所创造的部分或全部增加的系统价值。

设计信息对生产商的自由溢出

用户创新范式和生产商创新范式之间的第三个互动涉及自由设计信息向生产商溢出（由图6-1中的向下指向的箭头表示）。生产商可以采用他们认为可能有利可图的免费设计，并将其商业化。研究表明，这种设计溢出对生产型企业具有很高的价值，可以为生产型企业提供更高的销售收入、更高的毛利率和更长的产品生命周期（Lilien，Morrison，Searls，Sonnack和von Hippel，2002；Winston Smith和Shah，2013；Franke，von Hippel和Schreier，2006；Poetz和Schreier，2012；Nishikawa，Schreier和Ogawa，2013）。

用户创新设计对生产商的重要性可以通过研究某个领域中所有"重要"创新的来源来证明。在撰写本书时，我已经注意到有四项此类实证研究是以消费品和服务为重点的。Shah（2000）研究了四个体育领域中重要创新的来源；Hienerth、von Hippel和Jensen（2014）在激流皮划艇这项特定运动中也做了同样的研究；Oliveira和von Hippel（2011）研究了零售银行业务重要创新的来源；van der Boor、Oliveira和Veloso（2014）研究了手机银行业务重要创新的来源。这些研究人员发现，在这些领域的生产商的全部"重要"的商业化创新中，由家庭部门的个人和合作用户所创造的设计占了非常大的比重（从45%到79%）。这四项研究中的创新设计很少受到家庭部门开发者的保护：它们都是用户创新。

采用用户创新设计的生产商所节约的成本可以通过以下路径来估计：首先计算生产商开发每项创新设计所需的成本；然后，这个数字可以用来大致估计生产商在每项设计中因采用用户创新而实现节约的成本。在第四章所述的激流皮划艇研究中，我们收集了用于计算的数据。该研究发现在所有商业化的创新设计中，有79%重要的创新设计是由皮划艇运动员开发并免费公开的。采用这些免费设计的皮艇生产商所节约的研发成本是非常显著的：在激流皮划艇整个生产过程中，我和我的同事计算出这项运动产品所节约的开发成本是生产商在整个创新过程中产品设计总预算的3.2倍（Hienerth，von Hippel和Jensen，2014）。

生产商对用户创新的支持

在上一节中，我们看到"免费"提供给生产商的互补性和可商业化的产品设计可以大大降低生产商的内部研发成本。因此，生产商可能希望投资支持用户创新的设计工作，以增加免费设计的供给。为此，生产商可以向用户创新者提供开发平台和工具，使他们的设计和推广工作更加容易，同时也引导用户创新者的工作向商业上有利可图的方向发展。这是我们所看到的用户创新范式和生产商创新范式之间相互作用的第四种形式，如图6-1中向上的箭头所示。

实证文献描述了生产商为鼓励和支持用户创新者的创新而进行的多种类型的投资。生产商可以赞助用户创新社区（West和Lakhani，2008；Bayus，2013）或设计竞赛（Füller，2010；Boudreau，Lacetera和Lakhani，2011）。他们可以为用户创新者提供工具包，使他们能够更轻松地做自己的设计（von Hippel和Katz，2002；Franke和Piller，2004）。生产商还可以从事跨界活动，将雇员的工作时间投入到支持用户创新者的活动中（Henkel，2009；Colombo，Piva和Rossi-Lamastra，2013；Dahlander和Wallin，2006；Schweisfurth和Raasch，2015）。生产商支持用户创新者的详细实例以及生产商的战略考虑因素将在第七章中讨论。

模拟生产商策略以支持用户创新

根据标准的微观经济学模型，Gambardella、Raasch和von Hippel（2016）重点关注用户创新对生产商的影响，以及用户创新和生产商创新对社会福利的影响。我将在本节讨论生产商创新战略，并将在下一节讨论其对社会福利的影响。在这两节中，我将从概念上而非数学上描述模型变量和建模结果。完整的数学模型和结果见附录B。

从上文对四种范式互动的描述中可以看出，其中两种互动对生产商来说是积极的。首先，当用户创新者创造和扩散生产商认为生产和销售无利可图、但却能提高生产商所销售的产品或服务价值的互补品时，生产商的利润就会增加。第二，当生产商可以采用用户创新者的设计而不是自己开发设计时，生产商开发创新的成本就会降低。

还记得，四种范式互动中的一种——自由竞争市场——对生产商来说是完全负面的：用户创新者对产品或服务的无偿点对点扩散是出售相同产品或替代品的生产商的竞争来源。就像任何其他形式的竞争一样，来自用户创新范式的参与者的竞争会缩小生产商的市场规模和/或迫使生产商降低价格。例如，在前面讨论的山地自行车例子中，用户创新者开发的山地自行车设计可以"免费"提供给山地自行车使用者——潜在的消费者——就像他们提供给山地自行车生产商一样。选择自己组装自行车的个人通过将自己排除在潜在客户之外，从而缩小了生产商的市场规模。

最后，请记住第四种互动是生产商向用户创新者提供设计支持。这种互动是在生产商控制下的互动，是Gambardella、Raasch和von Hippel（2016）在模型中所设想的生产商可以试图影响和塑造前三种互动以增加利润的路径。

该模型处理四种范式之间互动的方法是关注生产商潜在市场中既能创新又能自给自足的部分。这是因为投资于支持用户创新发展的决定能否盈利主要受到这一因素的影响。（创新设计与创新自给自足通常是并行不悖的。如果你打算设计某样东西，你通常也会在开发过程中创建一个产品。如果你是用户，你所做的设计将把你从生产商的潜在市场中移除——你已经为自己提供了产品。）

假设在某一特定市场中，家庭部门中只有极少数人有能力以对生产商可能具有商业价值的方式进行创新。在这种情况下，模型发现生产商应该坚持内部开发，而不是投资于开发和提供创新设计工具来支持少数用户创新者。每增加一项用户创新所需要的成本太高。然而，随着生产商市场中潜在用户创新者比例的增加，将一部分生产商研发费用投资于支持和增加用户创新的工具比专注于内部开发更有利可图，虽然用户创新者既创新又自给自足，从而使自己脱离了生产商的潜在市场。

最终，随着潜在创新者在生产商市场中所占份额的进一步增加，投资支持用户创新者再次变得无利可图。与潜在客户自给自足相关的潜在市场损失变得如此之大，以至于即使更多用户创新的商业化设计被开发出来，生产商的利润也还是减少了。如果不创新的潜在客户也有能力对用户创新进行非常廉价的复制，客户自我生产的抵消效应对生产商来说尤其危险。这种可能性在今天的软件和许多其他信息产品中都存在。不久之后，随着3D打印机等廉价的、个人可获得的生产技术的普及，这种可能性也将成为许多有形产品的普遍现实。

当然，这种抵消效应只适用于生产商希望在与点对点扩散竞争中实现商业化的产品。如果生产商不想将有价值的互补产品商业化，那么用户创新和自我供给越多越好！正因如此，我们将在下一章节看到，如今一些生产商进行了大量投资，专门鼓励和支持用户创新者开发产品或服务，以对其销售的商业产品进行补充。

我要指出的是，Gambardella、Raasch和von Hippel（2016）假定，即使没有生产商的投资支持，也会存在自然水平的用户创新和潜在客户的自我供给。如全国调查所显示的那样，用户创新在今天是非常普遍的现象，通常没有生产商的有意支持。这就意味着一种可能性，即用户创新和自我供给的自然水平可能已经达到了某些市场上生产商利润最佳值的"过高"点，而这种可能性并未包含在模型中。有证据表明，生产商在判断出这种情况后，可能会选择投资于挫败用户创新，而不是支持创新。例如，他们可能会利用法律限制和 / 或技术壁垒，使其产品的修改或复制成本提高（Braun 和 Herstatt，2008，2009）。

最后，与市场中潜在创新者的数量无关，在企业研发投资方面，生产商的最佳选择绝不是仅仅投资于提供工具来支持用户创新者。用户创新设计很少能原封不动地进行商业化生产。因此，生产商必须投入内部资金来完善用户创新设计，并为生产做好准备。此外，生产商还必须投入内部资金来开发用户创新者没有兴趣开发但对市场很重要的设计——例如，让新手更容易使用的设计。因此，该模型解决了在投资方面的适当均衡问题，一方面是投资于对用户创新者努力的补充，另一方面是投资替代了用户创新者认为可行的设计开发活动。

用户创新对社会福利的影响模式

社会福利函数在福利经济学中被用来衡量社会的物质福利，以经济变量作为投入。社会福利函数可以用来表达许多社会目标，从人口预期寿命到收入分配。关于创新与社会福利的文献大多从社会总收入的角度来评价经济现象和政策对社会福利的影响，而未考虑收入是如何分配的。Gambardella、Raasch 和 von Hippel（2016）提出的模型就是从这个角度出发的。

从表面上看，用户创新应该增加社会福利。它涉及个人决定将经济学中通常假定用于消费的部分可自由支配的无偿时间用于为创新者自身创造价值的活动，而且往往也为其他同行和商业采用者创造价值（Henkel 和 von Hippel，2004）。

随着市场从传统的唯一生产商的情况转向包括用户创新者的情况，Gambardella、Raasch 和 von Hippel（2016）的建模研究发现，如果企业采取对用户创新活动进行补充而不是与之竞争的投资战略，生产商的利润和社会福利均会增加。相反，如果生产商选择与用户创新设计竞争，生产商的利润和社会福利都可能受损。

换句话说，正如我在本章开头所指出的，我和我的同事在建模和理论构建后得出结论，社会经济中最有利可图和福利得以改善的情况涉及用户创新范式内的用户创新者和生产商创新范式内的生产商之间的创新劳动分工。然而，如果没有政策的干预，最优分工是不可能实现的。由于市场中用户创新者的数量随着第三章所述的技术趋势而稳步增加，我们的模型表明，从整体社会福利的角度来看，生产商从单纯的生产商创新模式转向利用用户创新的模式通常"为时已晚"。原因在于，整体福利包括用户创新者所获得的、增加社会福利的利益，但这些利益在私人生产商计算回报时没有考虑在内。

生产商在评估其对支持用户创新的投资的个人回报时，会考虑他们可能从用户创新者创造的更多具有商业价值的外观设计中获得的价值。但生产商为支持用户创新而进行的投资也会支持那些具有个人和社会价值但不具有商业价值的创造。此外，生产商为支持用户创新而进行的投资诱发了其他类型的自我激励，这些自我激励被用户创新者重视，但不被生产商重视——例如，用户创新者从参与用户创新发展中获得学习和乐趣。由于这些原因，支持用户创新的投资水平高于生产商利润的最佳水平，这会提高社会福利。

为了将这些额外的福利来源纳入福利计算，我和我的同事们认为，社会福利的计算应该包括"修补盈余"（tinkering surplus，TS）部分。社会福利通常计算为利润（profits，PS）加上消费者剩余（consumer surplus，CS）。我们建议将修补盈余（TS）作为社会福利的第三个组成部分，包括用户创新者从开发创新中获得的所有自我激励净收益。在传统的福利计算中，忽略修补盈余的部分会产生多大影响？鉴于上文提到的自我激励对用户创新者的重要性，这种遗漏可能是非常大的。

讨论

Gambardella、Raasch 和 von Hippel（2016）的最重要发现是，如果生产商减少对替代用户创新者认为可行的能力和创新的投资，而增加对补充用户创新的能力和创新的投资，生产商的利润和社会福利通常均增加。

例如，在电子游戏行业，生产商应该把自己的开发重点放在游戏"引擎"上——这是一种非常复杂的软件程序，至少到目前为止，个体用户创新的开发人员来说很少能完成。与此相反，他们应该把更简单、更便宜的游戏"插件"开发留给游戏玩家。类似地，医疗器械生产商可能希望将某些新型医疗器械的开拓工作留给用户创新者。（正如我们将在第十章中看到的那样，用户创新者完全有权在未经政府批准的情况下创造、使用和自由分享新型医疗器械的设计。）然后，生产商将把研发投资集中以下两个互补任务上：通过产品工程使用户创新者的设计更好、更可靠，并使这些设备通过繁琐的政府审批程序。

回想一下，该模型还发现，从社会福利的角度来看，随着用户创新者在市场中的比例增加，生产商从只关注内部研发转向与用户创新者的分工合作往往"为时已晚"。这是因为生产商在计算利润时没有考虑到用户创新者的修补盈余所带来的福利。可能需要采取新的政策措施来解决这一问题。事实上，现有的一些政策可能会使问题变得更糟，应该重新评估。补贴生产商去做用户创新者的创新工作的政策将进一步阻碍生产商向用户创新者进行适当分工的过渡。其最终结果是把用户创新者的福利重新分配给企业，甚至会降低总福利。

综上所述，我和我的同事发现，在用户创新范式下行事的创新者和在生产商创新范式下行事的企业之间，有意识、明智地实施创新分工，生产商和社会都能从中受益。在下一章中，我将探讨这方面的一些实践步骤。

数字时代的

Free Innovation

用户创新

第七章

加强用户创新者和生产商
之间的互动

随着家庭部门中自愿和无偿设计工作的规模变得越来越清晰，无论是用户创新者还是商业项目发起者，都在强化彼此间的循环关系，以获得宝贵资源进而取得更大市场份额。在这一章中，首先我将解释生产商如何学会以有利于自己而不利于竞争对手的方式支持用户创新者。接下来，我将探讨如何为家庭部门的创新者提供低成本的商业化途径。最后，我将讨论用户创新者和生产商如何通过众包学会更有效地从家庭部门招募用户创新劳动力。

可视化循环

回想一下，在用户创新范式和生产商创新范式之间有两条涉及信息和资源转移的路径。第一，由用户创新者创造的创新设计可能从用户创新范式中的行为者转移到生产商创新范式中的行为者，进行商业生产和扩散。第二，生产商可以向用户创新范式中的行为者提供工具和其他类型的支持，以协助用户创新的发展。正如我们在第六章对建模结果的讨论中看到的，这两种范式之间的转移是相关的。也就是说，生产商提供的创新支持会影响用户创新者努力的速度和方向，从而影响商业相关设计从用户创新者向生产商的转移。由于这些相互作用，我们可以将两个范式之间的箭头形象化为一个环路，将两种范式内的活动相互连接起来，如图7-1所示。

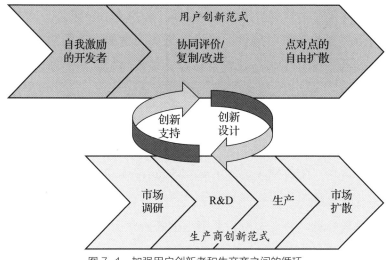

图 7-1 加强用户创新者和生产商之间的循环

强化循环

早些时候，在用户创新活动对生产商的潜在价值被认识到之前，通常从生产商创新到用户创新之间的循环是偶然的。例如，汽车生产商可能会设计出一种特别容易被消费者修改的汽车设计，并因此吸引了用户创新者的极大兴趣。这种设计作为用户创新"黑客"平台的效用，可能并不在为生产商工作的工程师的考虑之内——至少在早期是这样。他们专注于为非改装客户的大细分市场开发最佳设计。

循环的第二部分——为了评估商业潜力，将用户创新者创造的任何设计转让给生产商——在早期同样被忽视了，甚至是被主动抑制。汽车生产商在涉及客户改装产品的事件中承担的法律责任增加了，因而努力抑制这种做法是可以理解的（Barnes 和 Ulin，1984）。因此，用户创新者开发的一些创新即使具有商业潜力，也不太可能迅速或有效地引起汽车生产商工程部门的注意。

同样地，在电子游戏制作的早期，电子游戏制作人并未考虑到用户创新者对游戏进行修改的可能性，也没有意识到这些修改的潜在商业价值。因此，游戏的设计并不容易被玩家修改，玩家的创新活动即使被注意到，也会受到阻碍。这种反应也是可以理解的。早期玩家的黑客行为有时是为了模仿商业游戏，而不是增加其价值。例如，1981年推出的热门游戏"德军总部"（Castle Wolfenstein）中，士兵们展开了激烈的战斗。1983年，黑客们将其更名为"蓝精灵城堡"（Castle Smurfenstein），将士兵换成了有趣而无威胁性的蓝精灵。

如今，至少对一些人来说，由用户创新者产生的设计的价值已经变得更加清晰，而生产商也在通过"强化循环"来回应，以增加利润。事实上，一些生产商发现他们可以为自由的创新者提供设计工具和创新环境，而不仅仅是促进创新。他们还可以塑造和引导用户创新者的活动，使其转向对特定生产商具有更高利润潜力的设计，并确保这些设计不会轻易溢出，惠及竞争对手。举个例子，电子游戏开发商Valve为支持客户创新而建立了一个平台（Steam Workshop，2016）。

Steam Workshop包含了帮助玩家修改电子游戏的软件工具。修改可以是对游戏的小改动，也可以通过合作从根本上改变游戏。某些类型的游戏修改（mod）：如创造新的游戏"地图"，会得到特别的支持，从而激发更多用户创新者的努力，这从生产商的角度来看有利可图。玩家在Steam上的活动总量非常大。该网站声称，已经有超过100万个地图、物品和"mod"发布在上面，迄今为止，已经有超过1200万名的玩家使用了这些内容（Steam Workshop，2016）。因为这些内容都是在Valve的网站上发布的，Steam Workshop的工作人员可以监测发布的各种mod的受欢迎程度，从而获得市场洞察力。Valve可以选择将Steam Workshop上发布的创新成果商业化，也可以选择对贡献者进行经济奖励，以这种方式将具有生产商动机的家庭部门创新者与用户创新者结合起来。

为了理解 Steam Workshop 如何避免对竞争对手的溢出效应，可以考虑一下今天的电子游戏是由"运行在"底层游戏引擎软件之上的应用软件组成的，是对底层游戏引擎软件的特定补充。提供给用户创新者的底层专有游戏引擎提供了诸如渲染和动画游戏中使用的对象和角色等基本的电子游戏功能。专为在特定的游戏引擎上运行的应用软件包含游戏的故事和背景。因此，为在一个引擎上运行而设计的游戏无法在另一个引擎上运行——这样就避免了溢出效应：这些免费的创新是针对某个生产商专有游戏引擎的补充（Jeppesen，2004；Henkel，Baldwin 和 Shih，2013；Boudreau 和 Jeppesen，2015）。

其他生产商也以类似的方式从用户创新者开发的设计中获利，这些设计不容易溢出到竞争对手身上。例如，宜家出售标准的模块化家具，每一件家具都有特定的用途。用户创新者已经学会修改宜家家具，并以生产商没想到的方式使用它。例如，他们可能会购买几个宜家相框，把它们切割拼装成雕塑，或者购买一个宜家书架，把它改成一个折叠桌子。然后，这些用户创新者在 Ikeahackers.net 等网站上公开分享他们的设计。在 Valve 的案例中，免费设计是对宜家产品的价值提升补充，因此不会轻易惠及竞争对手（Kharpal，2014）。同样，乐高也支持用户从购买的积木中开发和分享其创新设计。这些设计是针对乐高产品的，因此不会惠及竞争对手（Antorini，Muñiz 和 Askildsen，2012；Hienerth，Lettl 和 Keinz，2014）。

商业化之路

用户创新者也可以自己成为生产商，来加强用户创新范式和生产商创新范式之间的循环（Shah 和 Tripsas，2007）。对于希望成为生产商的用户创新者来说，通常有两种途径：一是通过现有企业将设计商业化，二是成立一家新的企业将设计商业化。

关于通过现有企业将产品商业化，一种产品"发布者"商业化模式正在出现，以补充企业获取产品的传统模式。例如，当一个创新者选择使用Shapeways提供的定制3D打印服务来制作一个产品设计的副本时，该公司通常会询问客户是否愿意将该设计出售给其他人。该公司解释了这种方式的工作原理以及它的吸引力："您设计出令人惊叹的产品，我们将帮助您进入全球市场。从今天开始销售……只需简单的设计和原型，我们将负责生产、分销、客户服务和所有细节，没有库存或财务风险。每次有人下单，我们就生产并运送您的产品，利润归您。（我们提供）全程帮助，全球客户服务团队、深入的教程和一个支持性的社区为您提供指导（Shapeways，2016）。"

由家庭部门创新者创立和资助独立企业也变得比过去更便宜、更容易。例如，通过众筹的方式去低成本地资助个体产品的商业化（Lehner，2013；Mollick，2014）。此外，新企业将产品生产和交付等成本高昂的职能外包给专门公司的选择也正在稳步改善。

Baldwin、Hienerth和von Hippel（2006）描述了从用户创新到商业生产的典型路径。首先，一个或多个家庭部门的创新者开发了一项创新，并引起了普遍关注。接下来，围绕这个创新形成一个社区，每个参与者都会自发提供一个创新副本供他人使用。很快，一些参与者开始倾向于为从商业渠道购买创新产品，而不是自产自销。因此，建立新企业的盈利机会就出现了。

对这种新出现的商业化机会做出响应的，通常是围绕创新发展起来的社区成员组建的初创企业，而不是与创新无关的企业家或已有的公司。这是因为社区的参与者最清楚早期的关于创新和相关商业机会的信息。这些人最能从亲身参与中了解人们需要什么，以及对产品的需求可能会以多快的速度增长。其次，社区内部的新创始人由于与社区内潜在客户的已有关系，因此在初期营销方面具有优势（Fauchart和Gruber，2011）。当然，现有的生产商也可以通过雇用社区成员作为"嵌入式领先用户"（Schweisfurth和Raasch，2015）来寻求对新兴商业机会的早期洞察。

众包

家庭部门的资源可以被用户创新者和生产商直接利用：生产商并不是唯一想要有效利用这一资源的人。用户创新者和生产商项目发起者都越来越多地通过"众包"向家庭部门的个人寻求帮助。众包被定义为"将任务外包给'人群'的行为，而不是指定'代理'的行为"（Afuah和Tucci，2012，355；Howe，2006）。众包的"任务"范围可能非常笼统（"来和我们一起研究这个笼统的话题"），也可能非常具体（"我们需要解决这个特定问题的方案"）。众包提供了一种方法，让不认识项目发起者的人认为自己很适合为解决特定问题做出贡献，从而表明自己的身份。

倡导众包之所以对项目发起人有吸引力，主要有两个原因。首先，正如大家所知道的那样，召集一群人来解决问题，有时比召集一小群带薪员工来解决问题更有效。其次，招募家庭部门的免费劳动力往往比招募和支付雇员的费用更便宜（Agerfalk和Fitzgerald，2008）。

号召大众为创新做出贡献的好处出乎许多人的意料，也有悖于传统的假设。长期以来，人们一直认为，生产企业能比家庭部门的无薪个人更有效地加强用户创新者和生产商之间的循环。这一假设的依据是，大型研发组织有能力雇用专业的开发人员，也有经济实力购买昂贵的专业研发设备，以进一步提高员工解决问题的效率。

然而，现在人们更深刻地认识到，专家在解决问题方面的优势可能相当有限（Larkin，McDermott，Simon和Simon，1980；Gobet和Simon；1998）。例如，喷气发动机的专家在设计其他类型的推进装置方面，可能并不比新手强。因此，特别是在开发问题上，如果开发人员还不知道自己正在寻求的解决方案属于哪种类型，那么向大众请教可以提供非常显著的优势。尽管群体中个别开发者的专业知识可能与生产商的个别员工一样专业，但通过众包，人群集体将拥有非常广泛的专业知识。与这一假设相一致的是，研究表明，通过众包号召向拥有高度多样化信息的广泛个体开放问题的获取途径，可以极大地有助于以创造性的方式解决一些问题（Raymond，1999；Benkler，2002，2006；Frey，Lüthje和Haag，2011；Jeppesen和Lakhani，2010）。另一个优势是，在人群中可能存在关于已有解决方案的信息。事实上，适合新问题的已有解决方案的信息可能占众包所提供的有用信息的大部分。Lakhani、Jeppesen、Lohse和Panetta（2007）在对Innocentive公司发起的众包竞赛中的获奖解决方案进行研究后发现，72.5%的获奖解决方案部分或完全基于之前开发的解决方案。已有的解决方案更好理解，所以比全新的解决方案更受欢迎。

关于第二点，家庭部门的免费贡献者可能比公司员工成本更低，而且表现更好，因为正如前面讨论的那样，用户创新者在很大程度上是自我激励的。关于消费者为什么愿意在没有经济补偿的情况下参与众包创新活动，已经做了一些研究，而且还在做更多的研究（参见Nam-bisan和Baron，2009；Kohler，Füller，Matzler和Stieger，2011；Yee，2006；Stock，von Hippel和Gillert，2016等）。随着更进一步理解潜在贡献者所期望的自我激励的本质，项目发起者将能够更有效地提供这些激励。家庭部门的个人愿意"免费"参与对生产商有利可图的项目的条件也在研究之中。例如，研究发现，一个为生产商提供明确收益的系统要想有效且可持续，就必须被潜在贡献者视为"公平"（Franke，Keinz和Klausberger，2013；Faullant，Füller和Hutter，2013；Di Gangi和Wasko，2009），所有这些正在进行的工作都将促进众包工作的稳步改进。

以下是三个众包项目的例子，一个由用户创新者发起，一个由科学家发起，一个由生产商发起，它们将说明众包在用户创新项目内外的广泛适用性。

一个用户创新者项目——Nightscout

第一章中描述的Nightscout项目就是由用户创新者发起众包的一个例子。这个用户创新项目致力于开发和推广改进糖尿病患者使用的医疗设备。请注意，在Nightscout网页上发布的项目描述文本中，隐含着对更多志愿努力的呼吁：

Nightscout是由1型糖尿病儿童的父母开发的，并由志愿者继续开发、维护和支持。当Nightscout首次推出时，它是一种专门用于远程监测Dexcom G4 CGM数据的解决方案。如今，Dexcom G4、安卓的Dexcom Share、iOS的Dexcom Share和Medtronic均可使用Nightscout解决方案。该项目的目标是利用现有的监测设备远程监测1型糖尿病患者的血糖水平。

一个公民科学项目——Foldit

Foldit是一个呼吁家庭部门为公民科学项目提供免费捐助的众包项目。它由华盛顿大学的科学家开发和赞助，旨在研究蛋白质在自然界中的折叠方式。科学家们需要许多特定的蛋白质折叠解决方案作为研究的输入，他们寻求加强用户创新者和生产商之间的循环——从"大众"那里寻求免费帮助。由于蛋白质折叠解决方案没有个人用途，科学家们试图通过提供其他形式的自我激励来吸引参与者。具体来说，他们在设计项目时，利用游戏化设计实践，提供了以愉悦为目的的游戏中常见的自我激励（Zicherman和Cunningham，2011）：

为了吸引更多的用户并鼓励他们长期参与游戏，我们设计了多种多样的支持动机和奖励结构，包括短期奖励（游戏分数）、长期奖励（玩家地位和等级）、社交表扬（聊天和论坛）、个人或团队合作能力，以及游戏与科学成果之间的联系。（Cooper，Khatib，Treuille，Barbero，Lee，Beenen，Leaver-Fay，Baker，Popovic 和 Foldit players，2010，760）

Foldit游戏很难，需要在线训练后才能开始有效的游戏。尽管如此，科学家们还是成功地吸引了许多人的帮助，2011年有46000名志愿者在没有报酬的自由时间里玩《Foldit》。这些志愿者的贡献对项目的发起方非常有价值，他们提供了具体的蛋白质折叠解决方案，也提供了新的方法论见解，可用于改进计算机折叠算法。

Foldit的科学家和开发者进行了一场小型的非正式调查，询问参与者为什么选择参与Foldit（Cooper等，2010）。48名玩家每人给出了三个理由。正如预料，受访者在参与中完全没有使用和销售的动机。约30%的受访者提到了沉浸感（例如，"这很有趣，很放松"）很重要；20%提到了成就感（例如，"获得比下一个玩家更高的分数"）；10%的人提到了社会福利（例如，"伟大的情谊"）；40%的人报告说，他们的动机是为了支持项目，（例如，"我想帮助科学家破解蛋白质折叠密码"）（Cooper等，2010，12）。这些自我激励的动机可能与其他形式的慈善捐赠类似：个人捐赠的动机一部分是为了"帮助他人"，一部分是为了支持一项个人具有高度兴趣的特定事业（Webb，Green和Brashear，2000）。

一个生产商众包项目

珠宝生产商施华洛世奇（Swarovski）希望吸引消费者花时间设计新颖而时尚的珠宝。在Hyve（一家专门建立在线问题解决网站的公司）的帮助下，施华洛世奇创建了一个众包网站，让志愿者有机会开发自己的珠宝设计，并展示它们，还可以为他人的设计评论和投票，他们上传自己的头像和照片，甚至作为潮流引领者被收录在关于手表设计趋势的书中（Füller，Hutter和Faullant，2011）。参与者不期望看到自己的设计被生产出来，也不期望获得与设计商业化相关的报酬。尽管如此，这项吸引家庭部门参与的活动还是取得了成功，1700多名参与者上传了3000多份设计。

Füller（2010）调查了Hyve主办的十个不同虚拟共创项目的参与者，主题包括设计婴儿车、家具、手机、背包和珠宝。他发现"内在创新兴趣"和好奇心的激励因素对调查受访者来说是最重要的："与开源社区和用户创新不同，在开源社区和用户创新中，成员参与创新任务是因为他们可以从使用自己的创新中获益，而消费者参与Hyve虚拟新产品开发主要是因为他们认为这种参与是一种有益的体验（Füller，2010，99）。"

总结

今天，用户创新项目和生产商创新项目的发起者都在激烈地争夺家庭部门个人自由支配的时间和资源。而且，正如我们所看到的，生产商正在学习如何更巧妙地"强化循环"，从而将用户创新范式和生产商创新范式有效地连接起来。这场竞争将如何展开，只有随着时间的推移才能见分晓。

与免费创新项目比，生产商发起的创新项目可能对许多家庭部门的贡献者更有系统性的吸引力。毕竟，生产商相比于用户创新者可能愿意投入更多精力来了解和提高家庭部门中个人所渴望的自我激励。反过来，这可能会减少创新先锋的自由努力。例如，有些人被Valve巧妙的游戏化Steam Workshop所吸引，并受到为现有电子游戏创造另一种"mod"工具的鼓励，从而放弃开发全新的数字娱乐形式。

另一种可能是，一些自由的创新者无法被生产商提供的工具和平台所吸引，反而会选择开发和使用免费工具。今天，我们在开发新的统计测试和方法时看到了这种模式。有一些众所周知的商业统计软件包，如SPSS和Stata，被许多人购买和使用。这些产品的生产商在他们的产品中加入工具包，使他们的客户能够在商业程序中开发新的统计测试——就像Valve为其客户提供游戏mod开发工具一样。然而，许多具有创新精神的统计学家发现，这些工具包带有生产商为保护专有优势而设置的限制条件，令人难以接受。因此，这些人通常选择在一个名为R（r-project.org）的免费开源统计软件平台上进行开发工作。在这里，他们有充分的创作自由来研究和修改核心程序，也可以开发和自由地共享新工具和新的统计测试。这种模式将自由的创新者从生产商的约束中解放出来。与此同时，也不必使商业生产商处于明显劣势。尽管生产商不能排除竞争对手，但他们仍然可以免费获得在R上开发的高级测试，并通过一些调整，将它们合并到自己的商业产品中。

最后，生产商可能会发现，向用户创新者提供约束较少的工具包更有商业优势。因此，研究发现，生产商如果赋予消费者更广泛的创新权力，那么其产品的市场需求会更强劲（Fuchs，Prandelli和Schreier，2010；Fuchs和Schreier，2011）。

数字时代的

Free Innovation

用户创新

第八章

用户创新的广阔前景

迄今为止，对自由用户创新的实证研究几乎完全集中在产品创新上。然而，从逻辑上讲，用户创新应该远远超出产品的范围。毕竟，在第三章中提到的创新机会可行性测试并没有提及这些机会的具体特征，只是说明了创新者的预期收益应该超过他们的预期成本。

在本章中，我展示了家庭部门的用户创新前景确实很广阔——可能与生产商在消费者感兴趣的产品、服务和流程方面的创新一样广阔。为此，我回顾了特定领域的研究结果，并讨论了OECD官方统计资料中使用的五个创新类别的创新来源实例。

创新类型

为了检验用户创新的普遍性，我使用了OECD对创新的定义。"创新是指在商业实践、工作场所组织或外部关系中实施一种新的或显著改进的产品（商品或服务）或流程，一种新的营销方法或新的组织方法"（*Oslo Manual*，2005，第146段）。调整这种以生产商为中心的表达方式，将用户创新者的可能性纳入其中，我们会发现它指的是五个创新主题：创新是与用户创新或生产商创新实践或外部关系相关的新的或显著改进的①产品，②服务，③工艺流程，④营销方法，⑤组织方法。

在接下来的章节中，我将根据《奥斯陆手册》（*Oslo Manual*）第2~5类主题简要说明家庭部门中存在的用户创新。用户创新活动在类别①产品中的重要性，已经在本书前面的章节中有所记载。

服务业中的自由用户创新

政府对服务业的统一统计数据按照九个高级类别进行收集：批发和零售贸易；酒店和餐馆；运输、仓储和通信；金融中介；房地产、租赁和商业活动；公共管理和国防；教育；医疗和社会工作；其他社区、社会和个人服务活动（UN，2002）。服务业具有重要的经济意义。总的来说，所有的服务活动在GDP中所占的比重大约是所有产品的两倍。

服务区分于产品的主要特征有两个。就一项服务而言，①生产和消费无法分离，因此②无法将服务保留在库存中（Fitzsimmons 和 Fitzsimmons，2001；Zeithaml 和 Bitner，2003；Vargo 和 Lusch，2004；Crespi，Criscuolo，Haskel 和 Hawkes，2006）。与此相反，在一个产品中，这两点都可以做到。例如，生产商可以制造一辆出租车，并将其放入库存以等待买家。出租车是一种产品，产品的生产和消费可以分开。然而，乘坐出租车是一种服务，因此供应商不能提供从你的工作地点到你家的完整乘车服务库存以供购买。一个人必须耐心地坐在出租车里，在乘车服务产生的同时消费它。医疗服务也是如此，人们无法购买一个完整的医疗手术，手术需要一次又一次进行，必须在它被生产出来的时候消费掉。

服务通常被认为必然会涉及提供者和消费者（Vargo 和 Lusch，2004）。例如，出租车服务涉及司机和乘客，乘客接受运输服务，出租车司机（或自动驾驶出租车）提供运输服务。但乘客也可以自己驾驶——也就是说，自己提供类似的运输服务。当消费者能够"为自己服务"时，他们也有可能在为自己提供的服务方面进行创新。就像产品一样，这些服务可能作为DIY 自我服务扩散至同伴，也可能扩散到生产商那里进行商业化。

在接下来的小节中，我将总结对三种类型的服务创新来源的实证研究结果：零售银行、移动银行和医疗服务。正如我们将看到的，用户创新者的服务创新发展在这三种服务中都很突出。

零售银行服务的自由用户开发

Oliveira 和我研究了零售银行中重要商业服务的来源（Oliveira 和 von Hippel，2011）。样本包括 2011 年主要银行在传统"核心"银行服务范围内提供的所有基本类型的零售银行服务，如贷款、支票账户、储蓄账户和定期存款。超出该范围的服务不包括在内，如经纪和保险服务。在核心银行服务中，我们关注的是 1975 年至 2010 年间零售银行首次商业化的创新。

在 Oliveira 和我研究期间，银行正在引入计算机化而非人工形式的新服务。然而，在 1975 年至 2010 年间首次商业化的 16 种主要零售银行服务中，有许多服务在被商业化之前就存在人工方式来完成基本相同的服务。因此，为了了解完整的创新历史，我们试图找出样本中每项服务的第一个计算机化版本的开发者，以及可以找到相关信息的这些服务的早期人工前身的开发者。

如表 8-1 所示，我的同事和我发现，如今各大银行提供的计算机化服务中，有 80% 的人工服务是由对这些创新有个人用途的家庭部门用户开发的。用户创新者还开发了这些服务的首批计算机化版本中的 44%。根据我们对文献的检索和专家的采访，这些都属于用户创新，不受知识产权保护，可以免费使用。以"账户信息汇总"为例，这项基本服务的人工操作和第一个计算机版本都是通过用户的自由创新开发出来的。之所以需要这项服务，是因为许多零售银行客户同时与多家银行或其他金融机构打交道。例如，你的支票账户和储蓄账户可能在一家银行，你的住房抵押贷款可能由另一家银行提供，而你的信用卡账户可能由其他银行提供服务。所有这些机构的财务信息必须以某种方式"汇总"，以便于你能看到并管理你的整体财务状况。

表 8-1 零售银行重要服务的来源

服务类型	n	自由用户	银行	共同
早期人工服务的开发人员	10	80%	0%	20%
第一批计算机化版本的开发人员	16	44%	56%	0%

资料来源：Oliveira 和 von Hippel，2011，表3和表4。

在1999年之前，每家银行只向每位客户报告自己与该客户的财务交易情况。然后，客户用自己的方法从多家银行汇总多份报告。因此，他们是"账户信息汇总"人工版本的最初开发者和使用者。个人用户首先开发了这种服务的计算机版本，最终被银行商业化。思考一下个人用户的创新史：

我在网上办理银行业务，很快就厌倦了必须去银行网站登录、浏览我的账户，并查看每个账户的余额。但在一个快速的Perl（一种计算机语言）模块（Finance::Bank::HSBC）建立之后，我就可以循环查看每个账户并打印余额，这一切都是通过一个shell提示符完成的。有了更多的代码，我就可以做一些银行网站通常不会让我做的事情：我可以将我的账户视为一个整体，而不是单个账户，并且查清楚我有多少钱、可能花多少钱、欠多少钱，并统计到一起。另一个步骤是每天安排一个cron（计时程序）条目（Hack#90），使用HSBC（汇丰银行）选项下载一份Quicken QIF格式的交易副本，同时使用Simon Cozens的Finance::QIF模块来解释文件，并根据预算运行这些交易，让我知道最近是否花费太多。这使得一个简单的基于网络的系统从仅仅有用变成了自动化的和可定制的；如果你能想到如何编写代码，你就能做到。（Hemenway 和 Calishain，2004，62）

目前银行通过商业渠道提供的计算机化信息汇总服务，其功能与个人版本基本相同。在获得账户所有者的许可后，银行自动与零售用户拥有账户的每个金融机构联系，使用用户的密码登录，收集每个账户的状态信息，然后退出。最后，银行会将从所有账户中收集到的信息汇总到一个根据用户需求定制的电子表格中。

手机银行服务的自由用户开发

手机银行是基于一个技术上非常复杂的手机平台。尽管如此，该平台提供了新的服务可能性，不了解其技术细节的个人也可以开发。（以此类推，创新者可以并且确实为飞机开发了重要的新用途，例如运送邮件或探测森林火灾，而不需要了解飞机实际功能的任何技术细节。）Van der Boor、Oliveira 和 Veloso（2014）研究了全球移动通信系统协会（GSMA）报告的一份包含20项基本移动金融服务的完整清单。他们发现，这些创新中有85%来自传统零售银行服务基础设施相对较差的国家，这些国家的需求很高。他们还发现，45%的软件是由家庭部门用户最先开发的，另外45%由手机服务供应商开发，5%由用户和生产商共同开发，还有5%是由一家创新商业公司开发的。

作为一个典型的创新案例，可参考菲律宾手机用户开发的转账方法——一种基本的手机银行服务。在菲律宾，顾客可以通过零售商店出售的"刮刮卡"支付手机费。购买者在购买了一张特定面额的刮刮卡后，刮掉卡表面的遮挡层，会露出一个独一无二的多位数字激活码。当激活码输入手机后，预付费手机金额将转移到该客户的电话号码中。

1998年，菲律宾的手机用户认识到，他们也可以将刮刮卡代码用于完全不同的目的。他们可以把信用代码作为可接受的现金替代品转让给其他人，而不是用在自己的手机上增加通话时间。为了达到这个目的，刮刮卡的购买者不是将卡上显示的激活码输入自己的手机中，而是通过短信将唯一的激活码发送给他想转让的人。然后，这个人可以选择自己使用，或者选择继续转让信用代码。个人用户随后开创了使用通话时间向商家付款的货币形式。五年后，即2003年，手机服务商开始提供这些银行服务的商业版本，当时这些服务已经在消费者中广泛使用（van der Boor，Oliveira和Veloso，2014）。所有这些用户开发的新服务都是不受保护、可以自由共享的，因此符合用户创新的标准。

罕见病患者医疗服务的自由用户开发

世界上有5000~8000种罕见病，这些疾病加起来大约影响了世界人口的8%（Rodwell和Aymé，2014；孤儿药品委员会和欧洲药品管理局科学秘书处，2011年）。这些疾病中有许多是慢性病，给患者及其照顾者的日常生活带来了巨大的困难（Song，Gao，Inagaki，Kukudo和Tang，2012）。由于每种疾病的流行率低、市场规模小，使得投资开发针对罕见病的新产品和服务在商业上对于制药公司和其他医疗供应商缺乏吸引力（Acemoglu和Linn，2004）。因此，罕见病患者在临床和商业上的服务往往不足（Griggs，Batshaw，Dunkle，Gopal-Srivastava，Kaye，Krischer，Nguyen，Paulus和Merkel，2009）。

由于罕见病患者往往得不到充分的服务，我和同事们推测，他们通常会决定通过创新来帮助自己。为了验证这一想法，我们对葡萄牙的500名罕见病患者进行了调查，使用的问卷与第二章所述的全国性调查中使用的问卷非常相似。我们发现，在罕见病患者及他们的非专业护理人员中存在着大量的自主创新行为。在500名受访者中，36%的人表示自己开发了一些他们认为很新颖的东西。他们还提到，平均而言，他们的创新对于应对疾病和提高生活质量有很大帮助。几乎所有的创新都是医疗服务，而不是设备。在应用了第二章所述的全国性产品创新调查中使用的新颖性筛选标准后，8%受访者（500名受访者中的40名）的创新被专业医疗评估人员判定为医学实践中的新服务（Oliveira，Zejnilovic，Canhão和von Hippel，2015）。

作为由患者开发的医疗服务创新的例证，可以参考Joaquina Teixeira的经历。她是一个患有Angelman综合征（一种罕见的遗传疾病）的孩子的母亲。Angelman综合征的一个特征是"共济失调"，即不能很好地行走、移动或保持平衡。患有这种疾病的幼儿不愿意练习站立和行走，除非采取积极的干预措施。专业医生给父母的医疗建议很简单，只是"让你的孩子经常站立和走路"。在实践中，遵循这个建议会导致意志坚定的父母和不情愿的孩子之间发生许多不愉快的互动。

Joaquina Teixeira正在被这个问题所困扰。她注意到她的儿子在邻居孩子的生日派对上，一直伸手去抓漂浮在派对房间里的彩色氦气球，这些气球高过他的头顶，他一直够不到。她立即去买了100个氦气球，并把它们放飞在自己家的一个房间里。正如在聚会上所做的那样，她的儿子不停地伸手去抓绑气球的线。Teixeira细心地把这些线调整到他只有站着才能够到的长度。因此，孩子在没有提示的情况下被激励着反复尝试站起来。他的母亲不断地改变挑战难度，孩子对这个游戏从不厌倦，他的站立和行走技能得到了极大的提高。这种医疗服务创新很容易复制，开发者可以当面或通过互联网无偿公开，以帮助其他处于相同情况下的父母和孩子（Teixeira，2014）。

自由用户开发的工艺设备： 3D 打印机

与商业生产者一样，用户创新者也利用生产设备来复制他们开发的创新成果。这些生产设备必须相当便宜，才能在家庭部门个人创新者的能力范围内。为生产商制造的生产设备往往相当昂贵，因此，用户创新者尝试为自己开发成本较低的生产设备的创新和改进是合理的。

回顾个人 3D 打印机的发展——使用软件编码的设计信息"打印"实物的制造机器。de Bruijn（2010，2013）已经记录了用户创新者在该领域创新历史上的主要作用。

3D 打印机领域（通常称为"增材制造"）的创新历史始于 1981 年，当时名古屋市工业研究所的 Hideo Kodama 发明了一种制造方法，通过暴露在紫外线照射下硬化的聚合物的层层叠加形成三维物体。其他研究人员紧随其后，开发了"3D 打印"的其他方法，并于 1984 年开始将 3D 打印机投入商业化生产。第一批商用机器相当昂贵，每台机器售价约为 25 万美元。它们被销售给研究机构和公司的研发部门，用于快速制造产品原型。与传统的原型制造技术相比，节省的时间使应用该机器的生产商具有相当高的成本效益。

2004 年，巴斯大学机械工程高级讲师 Adrian Bowyer 提议开发一种快速原型机，他称之为 RepRap（意思是复制快速原型机）。Bowyer 想要设计一种非常简单、便宜并且可以部分自我复制的 3D 打印机（即一台打印机可以打印出制造其他打印机所需的许多部件）。在他最初的提议之后，开发工作在大学启动。不断发展的设计在网上公开分享，很快吸引了广泛的用户创新者的兴趣，他们加入设计工作并汇集各自的成果。第一年只有不到 10 个人参与，但关注的人迅速增加。到 2010 年 10 月，在线 3D 打印机爱好者社区已经发展到4000~5000名参与者（de Bruijn，2010，19，31）。

　　De Bruijn调查了这个在线社区的376名成员，以确定他们在与自己爱好相关的各种活动上花了多少时间。他发现，他们平均每周花10.41个小时使用或开发他们的个人3D打印机。这些时间被分配到表8-2所示的几个活动类别中。可以看出，对个人3D打印机进行改进——无论是为了打印个人用户想要的东西，还是只是为了让机器变得更好——占家庭部门用户用于3D打印机相关活动时间的15%。结果是实现了许多重要的改进，并且都被公开分享。在线社区的开发人员都是有意遵循开源软件社区惯例的用户创新者（de Jong和de Bruijn，2013）。

表8-2　平均每人每周用于使用和改进个人3D打印机的时间

	小时数	用时百分比
制造机器	4.9	47%
打印物品	1.7	16%
开发改进	1.5	15%
帮助其他用户	0.9	9%
提升技能	1.4	13%
合计	10.4	100%

　　资料来源：de Bruijn，2010，表4-3。

自由用户开发的"营销方法"： 社区品牌

　　尽管用户创新者会将他们的创新成果免费分享而不是出售，他们仍然可能出于一些原因对营销方法感兴趣。例如，创新社区可能希望通过刊登广告吸引贡献者加入他们一起努力。根据Dahlander（2007，930）的说法，"在社区之间竞争激烈的时候，吸引一群用户和开发者并不容易。"此外，他们可能希望通过第五章中讨论的一种或多种形式的自我激励来促进创新的扩散。

用户创新者在营销方法上创新的一个例子是利用日常活动打造强大的品牌，而不需要增加成本。品牌是一个"名称、术语、标识、符号或设计，或它们的组合，旨在识别一个或一群卖家的商品和服务，并将其与竞争对手区分开来"（Kotler 1997，443）。从法律上讲，品牌是一个商标。正如科特勒的定义，品牌和营销方法通常与卖家相关。然而，很明显的是，品牌在识别创新开发者方面的功能，对用户创新的潜在采用者也很有用。

研究表明，开源软件开发社区只需简单地创建和展示一个标识或商标，人们就会将社区内外的积极体验与之联系起来，从而免费产生自己的强大品牌。这是如何做到的？品牌强化和塑造背后的一般机制是，在许多潜在顾客的头脑中，把类似的积极联想与品牌名称或符号联系起来（Edwards，1990；Zajonc，1968；Keller，1993）。如果在许多人的头脑中嵌入心理联想所需的努力是为了这个特殊的目的，像许多生产商的营销活动那样昂贵——花钱拍摄一个著名运动员拿着一罐品牌苏打水在山顶摆姿势并不便宜——那么创建一个品牌将是昂贵的。然而，如果为其他目的而进行的活动或体验所产生的副作用激发了人们广泛认同的心理联想，那么品牌的创建就可能是没有成本的。

协同用户创新项目通常采用名称和标识来标示其项目（例如，Apache的羽毛，Linux的企鹅）。因此，社区贡献者将拥有与志同道合者一起创新和互动的共同经历，并与社区的标识和名称有明确的联系。在活动过程中，他们获得了与社区相关的丰富的积极体验，这些体验包含了与其他社区成员相似的元素。由此产生的共同心理联想，作为共同活动的副产品，可以低成本地创建和强化一个品牌。

在Füller、Schroll和von Hippel（2013）的研究报告中，我和两位同事通过对Apache和Microsoft网络服务器的品牌实力进行实证研究来验证这一想法。我们发现Apache在社区内部和外部都是该类软件的强势品牌。与Apache基金会领导者的采访记录显示，Apache没有专门为创建或强化Apache品牌进行投资。这不是个例，也不局限于开放源代码软件。Pitt、Watson、Berthon、Wynn和Zinkhan（2006）指出，开源运动已经产生了一系列知名品牌，包括Linux和Mozilla Firefox。Cova和White（2010）将创建自有品牌的社区称为"alter-brand"（改变品牌）社区。

新的组织方法

最后，我们来看看《奥斯陆手册》中关于"商业实践、工作场所组织或对外关系中的新组织方法"的官方创新统计情况（Oslo Manual 2005，第146段）。在用户创新范式下行动的个人已经开发出许多新的方法，创新者无偿地一起工作，并在开发和扩散创新方面进行合作。目前还没有任何关于这类用户创新的系统研究，但有很多例子。开源软件项目的参与者在开发新的合作方法方面特别活跃（von Krogh，Spaeth和Lakhani，2003；O'Mahony和Ferraro，2007；O'Mahony，2007）。

一个重要的例子是Richard Stallman（2002）发明的通用公共许可证。1985年，麻省理工学院人工智能实验室的一名才华横溢的程序员Stallman开始着手开发和推广一种法律机制，以保持软件"黑客"所开发的软件的自由使用。Stallman的创新想法是利用现有的版权法机制来达到这一目的。对维护其软件"自由"地位有兴趣的软件作者可以使用自己的版权授予许可证，以保证所有未来用户和创新者的一系列权利。他们只需在自己的软件上贴上一个传递这些权利的标准许可证，就可以做到这一点。

Stallman为实现这个想法而开发的基本许可证被称为通用公共许可证（GPL），有时被称为"copyleft"。转让给拥有软件副本的人的基本权利包括免费使用它的权利、研究其源代码的权利、修改它的权利，以及免费向他人分发修改或未修改版本的权利。其他人也开发了具有类似权利的许可证，目前有许多这样的许可证在使用。GPL是一个基本的"组织方法"创新，是为免费和开源软件领域开发的，但包含了广泛适用的新想法和原则（Torrance，2010；Torrance和Kahl，2014）。

分布式版本控制包是用户创新者开发的重要组织创新的第二个例子，它在当今的软件开发中被广泛使用。最初由开源软件项目开发人员创建，用于管理他们自己的项目。目前这类软件中最流行的版本是GIT（分布式版本控制系统），它最初是由Linus Torvalds在2005年为开发Linux内核而开发的，此后被许多人进一步开发。GIT已经扩展到许多其他开源软件项目，并通过GitHub.com等托管服务扩展到许多其他类型的应用（Ram，2013）。GIT使所有参与协作工作的贡献者能够非同步工作，并随时合并他们的成果。GIT和其他软件包中常用的工具支持跟踪错误和维护对过去版本的全面审查。版本控制软件是一项重要的组织创新，由用户创新者为他们自己在合作项目中使用而开发，其原则广泛适用并超越了开源软件项目的组织和管理。

讨论

在本章的开头，我认为用户创新者的创新机会除了产品开发外，还可能扩展到许多类型的创新。这似乎是合理的，因为在可行的创新机会的定义中，没有任何东西将用户创新者限制在产品创新或任何其他特定类型的创新（Baldwin和von Hippel，2011）。事实上，我们现在看到家庭部门的用户创新存在于经合组织国家创新统计中衡量的所有五个基本创新类别中（Oslo Manual，2005，第146段）。

　　根据这些早期的实证研究结果，我得出结论：用户创新很可能是家庭部门个人感兴趣的所有创新机会中促进创新进步的一个重要贡献端。这是一个非常有价值的结果，有助于提高我们对用户创新重要性的理解，也有助于学习如何更有效地衡量和利用用户创新。

数字时代的

Free Innovation

用户创新

第九章

成功的用户创新者的
人格特征

回顾第二章中总结的全国性调查，六个国家中有1.5%~6.1%的个人开发了供自己使用的新产品或改良产品。在某些方面，这是一个令人印象深刻的数字，仅在这六个国家就代表了数千万用户创新者。但从另一个角度来看，这些国家剩下的94%~98%的个人不是用户创新者，或者可能尝试创新但失败了。于是出现了两个问题：在家庭部门成功实施创新项目的人和没有成功实施创新项目的人之间是否存在差异？如果存在差异，我们能做些什么来增加成功的用户创新的数量吗？

在本章中，我借鉴了Stock、von Hippel和Gillert（2016）的一项研究，以确定与成功的家庭部门用户创新显著相关的人格特征。基于这些发现，我和我的同事提出了两种可能的方法来增加成功的用户创新的数量。

研究设计

鉴于用户创新的重要性，了解更多用户创新者的特征显然是有价值的。Stock、von Hippel和Gillert（2016）通过对546名德国消费者样本中与创新成功相关的用户创新者的个性特征进行研究，开始了这项工作。我们的研究集中在三个连续的创新过程阶段：①有一个供个人使用的创新想法；②建立一个可供个人使用的原型；③通过免费的点对点转让或向生产企业扩散创新。为了能够比较每个阶段的成功和失败，我们根据参与者在创新过程中的进展程度对他们进行分组。如图9-1所示，成功完成每个连续阶段的用户越来越少。这使我和我的同事能够对每个阶段进行"成功-失败"比较。也就是说，从图9-1的左侧开始，我们可以比较那些没有创意（第0阶段）的人和那些有产品创新创意（第1阶段）的人的人格特征。接下来，我们可以比较那些没有设计出创意原型的人和那些成功设计出供个人使用的原型的人的人格特征（第2阶段）。最后，我们可以对那些没有扩散原型创新的人的人格特征与成功扩散原型创新者的人格特征进行比较（第3阶段）。

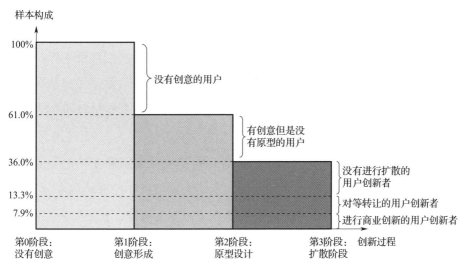

图 9-1　数据分析策略：比较个人在创新发展和扩散过程中完成与未完成的连续阶段

资料来源：Stock、von Hippel 和 Gillert，2016，图1。

　　我们的研究设计以一种有趣的方式接近了各个家庭部门创新者（消费者）面临的现实情况。人格特征是稳定的，因此，一个人在早期阶段所具有的与成功相关的特征必然会被带入后期阶段，但在后期阶段，这些相同的特征可能对成功没有什么帮助，甚至可能成为障碍。相反，如果某种特征提高了个人在第3阶段的成功机会，但这一特征与第1阶段的成功负相关，那么拥有该特征的人不太可能达到第3阶段。

研究方法

如上所述，Stock、von Hippel 和 Gillert 的研究样本由德国家庭组成。为了确保在所有三个创新过程阶段都有足够的分析对象，我和同事们以两种不同的方式招募参与者。首先，我们使用了"滚雪球抽样法"（Goodman，1961）。在这种方法中，具有某种罕见特征的个人——在我们的研究中是参与创新发展的个人——被要求找出他们可能认识的具有相同特征的其他人（Welch，1975）。（滚雪球抽样法的原理是那些具有罕见特征的人更有可能认识与自己相似的人。）在第二种方法中，我们的目标是增加样本中可能成功地完成创新过程所有三个阶段的人数。因此，我们刻意寻找那些在互联网上发布过他们所研发的创新的人，或者曾在德国一个专门针对个人发明家的电视节目中出现过的人。

最终的成果是一个包含用户创新者和希望将其创新商业化的创业型家庭部门创新者的样本总体。总的来说，我们为这项研究招募的样本包括546名德国家庭部门成员，其中443人通过第一种方法确定，103人通过第二种方法确定。调查对象的两个子样本在人口特征方面相似，我们将其合并进行分析。我们通过在线问卷从受访者那里收集数据。

人格特征

人格"特征"是个人人格的各个方面。众所周知，随着时间、环境和社会角色的变化，人格是高度稳定的。如今，对人格特征的研究通常使用所谓的五因素人格模型（也称为"大五人格模型"），该模型由五个基本的人格特征组成，这五个特征之间重叠度很低。大五人格模型已被证明能够很好地概括许多更详细的个性变量，并且相当稳定（Costa和McCrae，1988，1992，1995；Goldberg，1993；McCrae和John，1992；McCrae和Costa，1997）。

- 开放性（openness）"体现了一个人在智力上的好奇心，并倾向于寻求新的经验和探索新的想法"（Zhao和Seibert，2006，261；Barrick和Mount，1991）。高度开放的个人可以被描述为具有创造力、创新性、想象力、反思性和非传统性。相比之下，缺乏开放性的人更喜欢平实、直截了当和显而易见，而不是复杂、模糊和微妙（McCrae和Costa，1987）。

- 外向性（extraversion）"描述了人们自信、强势、精力充沛、积极、健谈和热情的程度"（Zhao和Seibert，2006，260；LePine和Van Dyne，2001；Lucas，Diener，Grob，Suh和Shao，2000）。那些外向程度低的人（即内向者）更喜欢非社交场合，比外向程度高的人更安静、更保守、更独立（Zhao和Seibert，2006，260）。

- 责任心（conscientiousness）"表示个人在追求目标实现过程中的组织程度、毅力、努力程度和积极性"（Zhao和Seibert，2006，261）。责任心得分高的人更倾向于有计划的行为，而不是自发的行为（Barrick，Mount和Judge，2001）。

- 宜人性（agreeableness）描述了个人的人际取向。和蔼可亲的人谦虚、信任、宽容、利他并且关心他人。他们倾向于遵守社会习俗、参与合作、高质量的人际交往（Barrick和Mount，1991；Zhao和Seibert，2006）。处于该维度最低端的人会被描述为以自我为中心、多疑和充满敌意（Feist，1998）。

- 神经质性（neuroticism）"代表情绪调节不佳和负面影响的倾向，如焦虑、不安全感和不自信"（Judge，Bono，Ilies和Gerhardt，2002，767；另见LePine和Van Dyne，2001）。神经质性的反面是情绪稳定。

研究结果

表9-1总结了我们的所有研究结果。在表的上半部分，列出了四个"控制变量"的意义。在下半部分，显示了大五人格因素与每个创新过程阶段的成功可能性之间的显著关系。

表9-1 在成功通过家庭部门创新和扩散过程中，人格特征发挥的影响

	创意形成（第1阶段）	原型设计（第2阶段）	点对点扩散（第3a阶段）	商业扩散（第3b阶段）
控制变量				
性别（男性）	.39（.11）***	.62（.14）***	−.21（.27）	.44（.26）
技术背景	.34（.11）**	−.05（.13）	.29（.21）	−.27（.19）
激励人心的社会环境	.49（.12）***	.14（.15）	.50（.28）	−.02（.21）
未满足需求的频率	.62（.12）***	.61（.15）***	−.10（.25）	.30（.21）
大五人格特征				
开放性	.35（.11）**	.08（.14）	.21（.24）	−.09（.20）
外向性	.12（.11）	−.51（16）**	−.28（.27）	.12（.22）
责任心	−.13（.11）	.31（.15）*	−.64（.28）*	.57（.28）*
宜人性	.03（.11）	−.06（.14）	−.40（.25）	−.28（.24）
神经质性	−.07（.11）	−.13（.15）	−.35（.32）	.42（.22）
常数	.59（.10）***	.13（.13）	−1.89（.30）***	−1.53（.29）***
模型拟合				
沃尔德检验统计量（自由度）	96.36（9）***			

分析方法：顺序对数回归。系数以对数单位报告；圆括号内为稳健标准误差；自由度=9.*p<.05，**p<.01，***p<.001。

资料来源：Stock、von Hippel和Gillert，2016，表3，n=547。

关于控制变量的发现

为了清楚地看到人格特征的影响，我们必须"控制"已知与创新过程成功密切相关的其他变量的影响，因此称为控制变量。（通过在研究模型中明确加入控制变量，我们就解决了所谓的遗漏变量偏差问题。这种偏差是由于缺少与因变量和一个或多个自变量相关的独立变量。）

表9-1中前两个控制变量的影响已在第二章中描述的用户创新全国性调查中进行了研究，并发现了其重要性（von Hippel，Ogawa和de Jong，2011；de Jong，2013；de Jong，von Hippel，Gault，Kuusisto和Raasch，2015；Kim，2015）。与这些研究的结果一致，在表格的第一行，我们发现男性与成功的创意产生和原型制作有显著的关联。在统计上，性别也可能与成功的创新扩散相关。然而，由于在早期阶段取得成功并因此进入第3阶段和最后扩散阶段的大多数人都是男性，因此在进入第3阶段的样本中，没有足够的样本差异性来评估该控制变量在扩散阶段的显著性。

在表9-1的第二行中，我们接下来会看到，技术背景与成功的创意进发有着显著的相关性。正如性别问题一样，技术背景与成功通过第1阶段有着密切的联系，以至于大多数进入下一阶段的人都有技术背景。因此，无法分析技术背景对第2和第3阶段成功的重要性。然而，我们从其他研究中知道，技术背景对第2阶段的原型开发也非常重要（Lüthje，Herstatt和von Hippel，2005）。

控制变量"激励人心的社会环境"被包括在内，是因为发现创新产生的社会环境对创新可能性和成功具有重要意义。激励人心的环境包括强大的社会关系（Perry Smith，2006）以及对创新的支持态度（Amabile，Conti，Coon，Lazenby和Herron，1996；Scott和Bruce，1994）。

例如，一个支持创新的家庭会对一个试图创新但是生病了的家庭成员说："你这么有创造力真是太棒了，我们能帮你吗？"而不是说："为什么你做了这么愚蠢的事？你应该听从医生的指令！"从表的第三行可以看出，这个变量与成功的创意产生有显著的相关性。

第四个控制变量，"未满足需求的频率"，是指受访者认为市场上的产品不能满足他或她的需求，因此有理由进行创新的程度。该变量与创新可能性的关联已在领先用户的多项创新研究中得到证明（例如，Morrison，Roberts和Midgely，2004；Franke和von Hippel，2003）。从表9-1的第四行可以看出，这个控制变量与成功完成创意形成阶段和完成原型设计阶段都显著相关。

关于人格特征的发现

在表9-1的下半部分，我们看到了与成功完成创新过程的每个阶段显著相关的人格特征。这些人格特征在不同阶段有显著差异。在第1阶段，表9-1显示，"开放性"高的个人更可能有创新的想法。这是有道理的：开放性一直被证明对不同员工群体的创造性行为有积极影响（Feist，1998；George和Zhou，2001；Rothmann和Coetzer，2003；Sung和Choi，2009；Wolfradt和Pretz，2001）。

在第2阶段，内向（"外向"的反义词）和"责任心"与那些成功完成原型设计的人显著相关。内向和"在实验室里从事技术工作"之间的联系也符合先前的研究结果。因此，在Lounsbury等人（2012）的一项研究中，科学家发现他们的外向性水平明显低于非科学家。同样，Williamson、Lounsbury和Han（2013）发现工程师在外向性方面的得分低于非工程师。关于责任心，那些从事原型设计工作的人有这样的特征是合理的。据我所知，这是一个新发现。

在扩散阶段，我和同事们区分了点对点扩散和商业扩散。之所以这么做，是因为我们认为成功地完成每一项任务都涉及截然不同的活动和人格特征。这个最后阶段显然对创新的成功以及从所创造的用户创新中获得的社会效益非常重要。然而，由于进入最后阶段的个体已经有了一些强烈选择的人格特征，我们在样本中确实没有足够的差异性，无法看到人格特征与成功的扩散之间的显著关联。如表9-1所示，我们确实发现责任心这个人格特征与成功的扩散之间存在着较低显著水平的相关性（$p<0.05$）。责任心强的个人更有可能成功地将其创新推广到商业领域。相比之下，那些责任心弱的人更有可能在点对点扩散中取得成功。我不清楚这种模式的解释，鉴于调查结果的统计意义不大，我也不会尝试解释。

人格特征如何影响用户创新项目的成功

为了了解人格特征对创新成功的实际影响，我们计算了样本均值的边际效应（MEM）。这包括在保持其他特征变量均值不变的情况下，计算单一人格特征变量在七点李克特量表上的一个单位变化所产生的概率变化，MEM计算确实表明，人格特征对用户创新项目的成功至关重要。

在创意形成阶段，大五人格特征共同占了9.6%的方差（Nagelkerke，1991），在这个阶段，成功很大程度上取决于开放性。MEM计算表明，在所有其他预测因子均保持均值不变的情况下，开放性增加一个单位，成功形成创意的概率增加9.5%。在原型开发阶段，大五人格特征单独计算的差异为8.0%。外向性和责任心都与原型成功的可能性有显著的关系。这里的MEM计算表明，外向性增加一个单位，成功完成原型的概率降低了15.1%，而责任心增加一个单位，成功完成原型的概率增加了9.7%。

如果我们进一步考虑一个人成功地跨越多个阶段所必须具备的特征组合才能，那么人格特征对家庭创新者成功的累积影响就变得清晰了。如前所述，与成功完成早期阶段显著相关的人格特征会由拥有这些特征的人自动带入后续阶段。例如，如表9-1所示，有利于成功完成前两个阶段的人格特征是开放性、责任心和内向性。在我们的样本中，其这三个特征被发现处于"90%最佳值"的人和其余被设定为平均值的人，成功完成这两个阶段的概率为52.9%。对于那些表现出与成功不相关特征的人来说，开放性低、责任心低（10%）、外向性高（1%），成功完成这两个阶段的概率只有16.1%。

讨论

我们已经看到，许多因素可以显著影响创新者在完成创新开发和扩散过程中的三个基本阶段时取得成功的可能性。总的来说，就我们在研究中纳入的控制变量和人格特征而言，研究结果是非常合理的。例如，有很多未满足需求的个人更有可能想到如何解决这些需求，从而在创新的构思阶段取得成功。如果这些未被满足的需求很强烈，那么在其他条件相同的情况下，个人将更有动力至少尝试构建一个原型。更广泛地说，拥有与完成某个创新阶段相适应的技能、资源和人格特征，将更有可能成功完成该阶段的工作。

有没有办法将这些发现转化为提高家庭部门创新成功水平的实际方法？乍一看，情况似乎不太乐观，因为表9-1中的大多数控制变量和人格特征不容易调整，比如提高一个人的技术教育水平需要大量的个人投资。此外，人格特征在成年后基本上是稳定的。而且，如果没有激励人心的家庭环境，改变这一点可能也不容易。

然而，我的同事和我认为，有两种可行的方法可能会产生重大成果。首先，人们可以鼓励合作，这样人们就可以在资源、培训或人格方面互相帮助以"填补个人空白"。其次，人们可以利用用户创新者现在可以获得的技术进步，使创新开发和扩散任务既对资源的要求不那么苛刻，也对人格特征的要求不那么具体。

鼓励合作

回想一下，如今家庭部门创新的主导模式是，所有创新过程步骤都由一个人完成。如表2-6所示，对英国、美国和日本家庭部门创新的研究表明，在这些国家，约90%的创新是由个人单独完成的。在芬兰和韩国，72%的用户创新是由个人单独完成的，其余的是合作完成的。

如前所述，单独行动的个人可能在人格特征方面做好了在一个创新阶段取得成功的充分准备，但在下一阶段准备不充分的情况下，同一人格特征就没什么用。当创新即是合作的时候，就有可能解决这个问题：合作者们可能具有成功完成三个创新阶段所需的所有人格特征。初创公司在将不同类型的人纳入团队时就采用了这种策略。当创建一个新的企业来进行开发、生产和销售创新时，招募一群具备项目相关任务所需专业知识的人，是成功的常见方法（Akün，Keskin和Byrne，2010；Ensley和Hmieleski，2005；Vissers和Dankbaar，2002）。大公司的人事部门经常采用同样的策略（Muchinsky和Monahan，1987；Kristof，1996）。

合作开发的创新也比个人开发的创新扩散得更频繁。如第五章所述，这种差异可能非常显著。因此，请回想Ogawa和Pongtanalert（2013）的发现，当人们处在对他们开发的创新有共同兴趣的社区时，同行的采用率为48.5%。当创新者不属于此类社区时，采用率仅为13.3%。其他文献也支持这样的结论。例如，很明显的是，参与社区的创新者倾向于与其他成员共享信息，包括他们开发的创新信息（Morrison，Roberts和von Hippel，2000；Raasch，Herstatt和Lock，2008）。

鉴于合作创新带来的好处，决策者和从业者可能希望探索如何提高家庭部门合作项目的比例。增加创客空间等创新设施的可用性是一个潜在有用的实际举措。这些设施提供了获取复杂原型工具的途径，还使潜在的合作者能够聚集并认识彼此。在线社区论坛也可能会有所帮助，人们可以在论坛中发布他们与创新相关的兴趣，并以低成本找到彼此。这样的论坛有一个很好的例子是https：//patient-innovation.com/，这是一个非营利网站，为患者开发的创新提供信息收集（Patient Innovation，2016）。该网站还旨在支持医疗患者和有兴趣帮助他们的人在线讨论和分享与创新相关的信息（Habicht，Oliveira和Shcherbatiuk，2012）。当然，更广泛地说，廉价的互联网接入和协作设计工具包（例如由开源软件开发社区提供的工具包）可以支持远距离协作。

改变创新任务的性质

第二种方法是改变创新任务的性质，这是对第一种方法的补充，以减少成功完成这些任务所需的资源和人格特征限制。这种方法由于改进了个人可用的创新开发工具而变得越来越可行。

从创造力研究中衍生出来的工具，例如支持类比思维的工具，如今已经广泛应用而且可以帮助创新者"跳出框框思考"。这些工具可以帮助个人（即使是那些人格特征中开放性不是很强的人）产生与创新相关的想法。廉价的CAD程序越来越多地使新手能够比过去更容易、更快速地创建稳健的设计。与原型制作相关的手工技能，如使用锯、锤子和胶水，正在被计算机辅助制造所取代。计算机驱动的制造工具，如3D打印机，使得人们只需按下按钮就可以为原型生产零件。这些方式会降低在成功的原型制作的过程中内向性和责任心这样的人格特征的重要性。

在创新扩散方面，面对面的描述或销售至少可以部分地被基于互联网帖子的扩散过程所取代。对于非外向性的人来说，这样的过程可能比面对面的扩散任务更为融洽。

　　总之，我和我的同事得出结论，包括人格特征在内的几个因素会影响家庭部门创新者的成功。对这些因素的关注似乎可以使社会增加家庭部门尝试的创新项目的数量，并提高成功完成项目的比例。

Free Innovation

第十章

保护用户创新者的
合法权利

许多国家的规章制度是如此地无处不在，以至于人们很容易认为只有专业人士才被允许——或应该被允许——进行创新。允许所有人创新真的安全吗？或者，就像我母亲有时会急切地向我父亲提出的问题一样："亚瑟，你就这样站在那里，任由你的儿子那样做吗？他可能会炸掉房子！"（实际上，我从来没有这样做过。）

诚然，创新并非总是无风险的，许多个人和社会机构都厌恶风险。因此，我们都很幸运，特别是在美国、英国和加拿大这样的国家，个人拥有广泛的权利来开发和使用创新。

在这一章中，我借鉴了 Torrance 和 von Hippel（2015）的工作，回顾了家庭部门创新者包括用户创新者的基本权利。然后，我描述了政府如何能够而且确实侵犯了这些重要的权利——往往是在没有意图的情况下为了追求其他目标而侵犯了这些权利。Andrew Torrance 和我的结论是，让社会更清楚地认识到必须保护个人的创新权利，这一点非常有价值。我们为如何实现这一点提出建议。

回顾第二章中总结的全国性调查，六个国家的1.5%~6.1%的人开发了供自己使用的新产品或改良产品。在某些方面，这是一个令人印象深刻的数字，仅在这六个国家就代表了数千万用户创新者。但从另一个角度来看，这些国家剩下的94%~98%的个人不是用户创新者，或者可能尝试创新但失败了。于是出现了两个问题：在家庭部门成功实施创新项目的人和没有成功实施创新项目的人之间是否存在差异？如果存在差异，我们能做些什么来增加成功的用户创新的数量吗？

在本章中，我借鉴了Stock、von Hippel和Gillert（2016）的一项研究，以确定与家庭部门成功的用户创新显著相关的人格特征。基于这些发现，我和我的同事提出了两种可能的方法来增加成功的用户创新的数量。

个人创新者的合法权利

在美国，个人享有从事用户创新开发、使用其创新成果以及公开披露和讨论这些成果的基本合法权利。这些权利载于普通法和《美国宪法》（Torrance和von Hippel，2015）。

普通法是一套从惯例和法院裁决中不断演变而来的法律原则。普通法中支持个人创新权利的一个基本原则是"有限自由"原则：在没有具体和合法禁令的情况下，人们可以自由地行动——无论他们如何选择。然而，这种自由在某种意义上是有限制的，即人们同时受到限制，不得采取对他人造成实质性伤害的行动。Thomas Jefferson（1819）指出："正当的自由是在他人的平等权利为我们划定的范围内，按照我们的意志不受阻碍地行动。"后来，研究《宪法第一修正案》的学者Zechariah Chafee, Jr.（1919, 957）更形象地阐述了同样的观点："挥舞手臂的权利止于他人的鼻端。"

关于创新，普通法的"有限自由"原则告诉我们，个人有权在不需要其他人或政府实体许可的情况下从事创新，前提是他们的行为不会对其他人造成不合理的危险，并且不违反具体的法律禁令。

个人创新者还受到源自普通法、成文法规以及美国宪法的强大隐私权的保护。这项隐私权提供了强大的保护，使人们免受他人侵犯，特别是政府的侵犯。它让人们能够以某种方式在隐私方面进行创新，而这种方式如果为人所知可能会引发争议。Thomas Cooley（1879，29）在他的经典侵权法教科书中对普通法中的人身自主权进行了早期描述："个人的权利可以说是一种完全豁免的权利：不受干涉。"后来，法律学者Samuel Warren和Louis Brandeis（1890）正式提出并帮助确立了宪法中隐私权的存在。

在美国，个人也有充分的权利进行协同创新，并公开向他人传播有关其创新的信息。这些权利受到《宪法第一修正案》的保障，该修正案第一条规定："国会不得制定法律……剥夺言论或新闻自由，人民和平集会的权利。"该修正案通过《宪法第十四修正案》适用于各州，禁止州或地方政府制定剥夺言论自由的法律。在这些权利的保护下，用户创新者可以在现实中或网络上走到一起，并可以通过交流工作进展信息进行合作。他们也可以向任何人传播他们的设计和他们对其功能的观察，而不需要考虑诸如国家安全之类的政府需求。

综上所述，上述法律权利为那些希望单独或合作追求用户创新、并自由而广泛地传播其设计和发现的人提供了强大的保护。

法律法规如何影响用户创新

鉴于上述一系列法律权利，人们可能会问，为什么个人开发和应用用户创新的权利得不到保障。请再次回顾Chafee的原则："挥舞手臂的权利止于他人的鼻端"。因此问题在于，某些创新的开发和使用可能会损害公共或私人利益。当这些条件成立时，法律和政策就可以为限制个体创新者的行动自由提供合理的依据。

在美国，联邦、州和地方政府可以影响个人的创新权利。每一级政府都可以通过旨在促进公共安全、福利和产权（包括知识产权）等动机的法院判决、法规、条例，甚至非正式政策，限制或支持用户创新的自由。

约束可以是直接的（如建筑法规以安全的名义限制新的建筑技术）和/或间接的（如创新的开发和实践需要使用公共资源）。想想看，人们可以制造自己喜欢的任何类型的汽车，但为了测试它或在公共道路上使用它，必须满足旨在保护他人安全的详细监管要求。同样，在美国，人们可以制造一架无人驾驶飞机，但要在公共空域测试或使用它，必须遵守美国联邦航空管理局（FAA）制定的详细规定，否则将面临严厉处罚。同样，在美国，人们可以建造一个新的无线发射机，但要在公共无线电频谱上测试或使用它，必须遵守联邦通信委员会（FCC）的规定。

联邦、州、地方立法和监管机构可以采取行动，提高个人用户创新的成本，或以其他方式限制个人用户创新，因为他们的职责是促进公共安全、福利或其他方面的公共利益。Torrance和我发现，立法者和监管者会在无意中甚至无意识地对用户创新产生负面影响，而这种负面影响只是出于其他目的（比如监管行业）而颁布的监管规定的副作用。

1998年的《千禧年数字版权法》（DMCA 1998）就是一个例子，它提高了大量用户创新的成本，但它的出台显然并不是出于此目的。这项联邦法案旨在防止免费的数字拷贝对软件和音乐等受版权保护的商业信息产品的盗版。具体来说，《千禧年数字版权法》将规避许多数字产品内置的反盗版措施的行为定为犯罪。该法律的目的是减少数字盗版。立法者的出发点是，如果一个人获取代码将面临刑事处罚的风险，那么这个人就会被阻止创建盗版副本。

由于所采取的方法，《千禧年数字版权法》对用户创新者利用他们合法购买的含有软件的产品进行创新的能力造成了严重的"附带损害"。问题在于，用户创新者和商业创新者都需要访问软件代码，以便理解、修改和改进他们所购买的产品。如果没有《千禧年数字版权法》，这些活动在其他情况下肯定是合法的，因为"合理使用"（也称为公平交易）是版权侵犯的例外。实际上,《千禧年数字版权法》在打算打击数字盗版的同时,大幅提高了某些类型的用户创新的成本,甚至剥夺了创新者享有的某些公认的合法权利(电子前沿基金会,2013)。

《千禧年数字版权法》给用户创新造成的损害是不可量化的——没有人能计算出未启动的项目的总价值——但它的规模很可能是巨大的。回想一下,在第二章讨论的一项调查中,英国用户的创新中有14%涉及软件的开发和修改。如果在美国,同样比例的创新投入到软件上(这一点在美国的调查中没有被衡量),那么仅在美国每年就有总计28亿美元的有价值的用户创新活动被《千禧年数字版权法》置于某种程度的风险之中。重申,在这个例子中,该法对用户创新的损害显然是无意的。

Torrance(2015)发现,没有证据表明《千禧年数字版权法》的起草者们意识到了用户创新,更不用说他们的法律可能对用户创新造成的损害了,尽管他们确实对合理使用权的丧失表达了一些担忧。

用户创新者的相对优势

尽管存在《千禧年数字版权法》这样的限制,用户创新者仍然比生产商创新者拥有优势——他们在法规和法律方面拥有更大的"操作自由"。首先,相对于生产商创新,用户创新的规模往往较小,分布广泛,甚至可以在家里私下进行。因此,用户创新者可能违反法规和法律的行为实际上不易被发现。举例来说,如果一个用户创新者未经许可(通常是在没有意识到的情况下)就开发、制造并使用了一项基于专利发明的创新,这种违规行为很可能不会引起注意。其次,美国的普通法有一个"最小限度"原则,即无视非常轻微的违法行为的原则。与大规模生产商相比,这一法律原则也为用户创新者提供了系统性优势。

美国用户创新者还有一个非常重要的优势来源，它并不依赖于小规模——这一点已经写入美国宪法。在美国，联邦监管机构仅限于监管商业性的"州际贸易"。具体而言，联邦机构监管的权力主要来自《美国宪法》第1条第8款第3项中的商业条款。这一条款授予国会"管理与外国、各州之间以及与印第安部落之间的商业往来"的权力。最高法院将"商品条款"解释为允许国会通过法规，规范直接或间接涉及州际贸易的商业活动。多年来，这一法律权力的范围随着最高法院的解释而起起伏伏。然而，最高法院的裁决一致认为，该商业条款不允许联邦机构监管真正的非商业性活动。最高法院在2012年对美国独立企业联合会诉西贝利厄斯案（*National Federation of Independent Business v. Sebelius*）的裁决中重申了这一原则。法院在该案中明确指出，"商业监管权力以存在有待监管的商业活动为前提"（美国全国联合会，2012年，第18页）。

由该商业条款引起的用户创新者与生产商之间的差别监管待遇极大地有利于用户创新者，特别是在医疗和器械等受到高度监管的领域。例如，用户创新者可以开发和使用自己的医疗药物和设备——也许正是那些受到严格监管的生产商正在争取获得政府批准上市的药物和设备——如果他们这样做是非商业性的，可完全不受美国食品药品监督管理局（FDA）的监管。用户创新者也可以在没有FDA或美国联邦贸易委员会的许可或限制的情况下，自由地向其他人分发有关其创新的信息，包括设计细节和他们体验到的使用效果，只要他们这样做是免费的，并且不牵涉到足以导致限制其言论自由的政府利益。另外，其他个人可以为自己制作非商业性的复制品，并可以在不受FDA控制或监督的情况下自由使用这些复制品。当然，除了联邦法规之外，对这些活动的法律限制可能仍然存在。

开发和销售用于医疗用途的新型药物或装置或服务的生产商当然处于完全不同的情况。通过销售等方式参与商业活动会触发宪法的商业条款，并赋予FDA和其他相关机构监管的权限。在监管严格的领域，生产商的创新会产生极高的成本，最终结果可能是，上文所述的用户创新者和基层创业者的模式，相对于生产商创新而言，具有极大的优势，而且可能会变得非常强大。

可能的立法和监管改进

我们现在已经看到，用户创新者——无论是那些单独行动的还是那些合作行动的——都拥有强大而基本的合法权利，可以非商业性地开发和传播创新。事实上，至少就联邦法规而言，用户创新项目的运作受到的法律限制少于生产商创新项目。随着人们对用户创新的潜在好处的认识提高，创造性的立法和决策可用于进一步扩大用户创新范式的好处。

在一种通用方法中，机构可以选择开放部分公共资源，供用户创新者和商业创新者在未经许可的情况下使用和试验。例如，美国联邦通信委员会将无线电频谱的某些部分保留为"空白空间"，个人或公司无须许可证即可在其中探索和利用新用途（Barnouw，1966；FCC，2015年）。这种政策方法可以产生巨大的效益。例如，许多未经许可的无线技术的成功，比如WiFi技术的发展，都是由用户创新者和商业公司在这些未经许可的领域共同开发促成的（Sandvig，2012）。与此同时，国会和联邦通信委员会（FCC）将无线电频谱的其他部分保留给特定的监管用途专用，如广播电视台。类似地，美国联邦航空管理局允许某些空域——例如远离机场、在可见范围内高达400英尺的空域——供业余爱好者用于制造和操作小型无线电控制模型飞机和无人机等，进行未经许可的非商业性用途开发。其他高度和区域保留给持有飞行执照的飞行员使用，或者完全禁止用户创新者使用。

另一种通用方法是对管理机构的组织法规做出更宽松、更宽泛的解释，从而将机构监管转变为更有利于创新的姿态。例如，FDA 的部分法定使命是"保护公众健康"。与其将此解读为限制创新的授权，该机构可以认定，对用户创新持不可知论，甚至提倡用户创新，以更好地完成自己的使命。

正如《国际建筑规范》（Alternate Materials，Design and Methods of Construction，IBC，2009）第 104.11 条所示，任何监管机构都可以采用这种更具生成性的监管方法。犹他州和其他一些州都采用了这一规范条款，赋予县建筑检查员批准使用非常规建筑材料的灵活性。检查员不再像许多建筑规范中常见的那样只批准特定材料，而是可以批准任何材料，只要他们认为该材料符合安全和可靠性的功能要求。这样的监管具有显著的优势。它允许建筑材料的创新，这可能促成材料的改进，但它也能通过确保材料安全和预期效果来维护合理的公共政策（Harris，2012）。在美国联邦航空管理局对试验性飞机的监管法规中，也可以找到类似的处理用户创新的灵活方法。

在第三种通用方法中，联邦政府可以坚持要求对拟议的联邦监管行动进行成本效益分析，包括评估对用户创新的影响。里根政府率先要求所有联邦监管机构进行成本效益分析。1981 年 2 月 17 日，罗纳德·里根总统颁布了一项行政命令，要求对联邦法规在受到多种因素（其中大多数是经济因素）触发时的成本效益进行分析。触发因素包括"可能对……创新造成……重大不利影响"的任何规则（第 12291 号总统行政令）。继任总统基本上保持了这一做法。2011 年 1 月 18 日，美国总统巴拉克·奥巴马（Barack Obama）发布了一项行政命令，称"各机构应……努力酌情确定实现旨在促进创新的监管目标的手段"，过去和未来法规的监管效果均须接受评估（第 13563 号总统行政令）。

随着用户创新测量方法的改进，对用户创新可能产生的影响进行成本效益分析正变得越来越切实可行。正如本章前面所提到的，Torrance 和我能够大致量化美国软件开发领域的用户创新可能受到《千禧年数字版权法》不利影响的程度。一旦显示出对用户创新的负面影响，就有必要调整对用户创新产生负面影响的具体法律法规。因此，立法者可以修改《千禧年数字版权法》，以确保用户创新者对他们购买的产品进行逆向工程和改进的传统权利不再受到阻碍（Stoltz，2015）。

第二个例子考虑知识产权可能对用户创新产生负面影响。根据定义，用户创新者本身并不获得知识产权。然而，其他人持有的权利可能会影响用户创新者的经营自由，因为现行法律没有为用户创新者提供"家庭使用"或非商业性的豁免。为了纠正这种情况，国会可以通过立法，豁免个人复制专利发明用于个人和非商业用途或实验用途的责任。其他国家已经实行家庭使用豁免。在美国允许这种豁免将消除用户创新者的成本上升风险。Benkler（2016）详细解释了在美国法律中，扩大的"试验性使用豁免"如果与相关变革一起实施，将如何发挥效力。如果审慎行事，他建议的这些变革对生产者创新动机的影响微乎其微。

讨论

通过本书的研究和讨论，我和我的同事们已经论证并证明了用户创新通常对个人创新者、生产商利润以及社会福利都非常有价值。要巩固对用户创新的法律、监管和社会支持，就需要提高公众对用户创新及其带来的好处的认识。在我们2015年的论文中，Torrance和我提出了一个在这方面可能有用的术语："创新湿地"。就像Boyle（1997）在普及知识共享的价值方面所做的那样，我们可以用一个类比来描述近几十年来为让公众意识到环境湿地所提供的巨大公共利益所做的成功努力。

要知道，直到20世纪70年代，沼泽生态系统通常被认为是最好的资源，可以转化为更有益的用途。在最坏的情况下，它们被认为是瘟疫和疾病的有害来源，轻蔑的短语"疟疾沼泽"就是例证。因此，几十年来，各国政府通过各种立法和政策手段促进湿地的填埋或排水。例如，《流域保护与防洪法》（1954）直接或间接地增加了防洪工程附近湿地的排水。瓦排水和明沟排水被认为是农业保护计划的保护措施。从20世纪50年代中期到70年代中期，这些政策和其他政策导致湿地面积平均每年损失55万英亩（Dahl和Allord，1997）。

从20世纪50年代开始，随着对湿地生态的科学认识发生了范式转变，人们开始认识到，湿地不仅不是危险或废弃的区域，实际上也是生产力最高、最多样化的生态系统之一，可以为各种物种提供栖息地，并带来防洪和净水等好处。关于这些好处的信息的传播改变了全社会对湿地的看法，政府的态度也改变了。"有毒沼泽"逐渐被视为"有价值的湿地"。管理方法的变化导致了国家和国际上对保护、养护甚至恢复退化湿地的重视（1972年《清洁水法案》；1971年《拉姆萨尔公约》）。各国政府曾经把湿地定义为破坏对象，而现在许多政府把重点放在保护它们上。

Torrance和我把"创新湿地"定义为使个人用户创新蓬勃发展的权利和条件。就像环境湿地一样，必须理解创新湿地的性质和范围，必须更好地认识其中发生的创新活动的价值。

对用户创新的益处有了更开明的认识，就可以创造一种氛围，在这种氛围中，监管者和企业能够与用户创新合作，而不是反对用户创新。举个例子，相对于受到高度监管的医疗产品生产商，患者可以自由创新。与第六章讨论的情况一样，用户创新者的开拓对于医学的快速进步和医疗生产商来说可能是一件非常好的事情，特别是如果公众的理解能够让生产商、监管者和立法者给予明智的支持而不是抵制的话。正如我们所看到的那样，用户创新者有权通过创新来帮助自己，而且他们显然迫不及待地想这样做。

为糖尿病患者开发医疗设备的用户创新团体Nightscout的座右铭是"我们不会等待"（Owen 2015；Nightscout，2016）。Nightscout小组表示，他们拒绝了通常的模式，即靠生产商和FDA的商业解决方案来满足他们的紧急医疗需求——商业解决方案似乎总是需要五年之后。事实上，既然患者可以通过有效创新来自助，为什么还要等待商业解决方案呢？

医学上的自我实验对个人来说显然是有危险的，尽管如此，个人还是有权为了帮助自己而冒风险。这类实验显然会有失败和受伤甚至死亡的例子。但可以预见的是，这也将取得重大进展，包括为许多人提供拯救生命的帮助。一个理解和支持创新事业的氛围将使立法者和监管者能够抵制对特定不幸失败事件的"压制"。相反，他们将能够提供智力支持，让用户创新者更安全地进行创新，并更好地评估他们所开发的创新的实际安全性和效率。

举个例子，想想今天的FDA，连同世界各地具有类似功能的政府机构，都支持临床试验的"黄金标准"系统。这个系统经过一段时间的发展，如今其代价已经变得十分昂贵，以至于它只适用于具有极高利润潜力的药物和设备创新。许多非常重要且普遍的医疗创新在这种体系下没有机会通过临床试验获得评估。举例来说，一种用于协助早晨起床的新设备或方法，对许多残障人士或老年人可能非常有价值，但通过FDA规定的临床试验来测试其有效性和安全性并不划算。

与其试图压制用户创新者的医疗创新的发展、个人使用或传播，不如让公众认识到这种活动的价值，从而使用户创新获得更积极的回应。例如，公众和生产商的支持可以帮助开发用户友好的、负担得起的临床试验方法，使用户创新者社区能够快速评估用户创新的有效性和安全性。例如，在ALS（即"渐冻症"）可能疗法的临床试验中，由患者进行的临床试验已经证明了其实用性（Wicks, Vaughan, Massagli, Heywood, 2011；参见

DoubleBlinded，2016）。当然，至少在最初，这些基于社区的试验方法不会达到FDA"黄金标准"的水平。但FDA的"黄金标准"也不是一天形成的。在公众的支持下，FDA、生产商和立法者将能够支持FDA系统的基层补充方案的开发，该方案将随着时间的推移而稳步改进。

相比之下，如果没有公众的支持，FDA的监管者们可能会有动机甚至被迫去尝试压制用户创新，即使在面临宪法商业条款限制的情况下。举例来说，考虑到有恶意的个人可能会"入侵"医疗设备，FDA可能会试图让用户创新变得更加昂贵。举例来说，FDA可以迫使医疗器械生产商——那些隶属于FDA监管的公司——使其销售的医疗器械更难让患者进行逆向工程、提取个人数据，或者以其他方式改进以供个人使用。（例如，第一章中描述的NightScout创新者确实需要访问商业医疗设备产生的个人医疗测量数据，作为其免费且非常有用的设计的输入。）在我看来，最终结果造成的损害将非常类似于前面讨论过的通过《千禧年数字版权法》对数字盗版采取过度立法反应所造成的损害。能够防止恶意入侵，同时又授予希望修改自己的设备和系统的所有者和用户"所有者优先"的其他应对方法也是可行的，在我看来，这种方法显然更可取（Schoen，2003）。

著名的法律学者都支持并敦促这种公共思维的转变。Pamela Samuelson（2015，1）解释了"自由修补"在保护良好的创新湿地中的重要性，他指出"人们出于各种各样的原因对技术和其他人造工件进行改造：为了获得乐趣，为了好玩，为了学习事物是如何工作的，为了辨别它们的缺陷或弱点，为了建立自己的技能，为了变得更实用，为了修复或改进人工制品，为了使它们适应新的用途，有时为了破坏它们。"她敦促努力维护和保护修补的自由。William W. Fisher三世（2010）同样认为，创造性地修补对"人类繁荣"至关重要，并总结了心理学和哲学领域相关研究，认为用户创新是实现自我、丰富生活和人类幸福的重要途径。

在书中，Torrance和我总结道，用户创新对人类幸福和发明进步都很重要。我们发现，给予用户创新者的基本法律保护是有力的。与此同时，我和同事们认为，公众和政府通过更好地理解用户创新给个人、社会福利和国民经济带来的有益影响，可以更好地管理创新湿地。

数字时代的

Free Innovation

用户创新

第十一章

用户创新研究与实践的
未来展望

正如我们所看到的，在国民经济的家庭部门中，用户创新是一个重要且不断增长的"基层"创新过程。从根本上讲，有偿交易比生产商创新更简单。在本章中，我提出了一些具体的未来展望，用来进一步研究用户创新的理论、政策和实践。当然，我的建议很简单：其他人肯定会有很多其他优秀的创意。

未来研究建议

正如我们在这本书中看到的，用户创新范式为理解家庭部门的创新提供了一个新颖的生成框架。用户创新范式与生产商创新范式一起为创新理论的发展、实证研究、决策和实践提供了新颖且可拓展的空间。在接下来的章节中，我讨论了这些领域中的一些问题和可能的新研究方向。此外，关于有价值的未来研究，读者应该注意到，对用户创新范式的全方位研究仍处于早期阶段。因此，读者可以将前面每一章中介绍的理论和经验成果当作参考，但仍需要再进行后续研究。

我先比较了用户创新、并行生产和开放式创新等概念的研究视角。当然，研究人员可以为他们的研究选择不同的视角，每种视角都有其最适合的某些主题和调查风格。我重点关注与用户创新有关的问题。首先，我提出了改进衡量用户创新的步骤，这对进一步推进与用户创新范式相关的研究问题非常重要。接下来，我建议将用户创新纳入微观经济理论，并纳入创新政策的重要组成部分。然后，我提出了用户创新范式如何帮助我们理解开源生产商创新活动和家庭部门创造性活动的经济学，例如"用户生成内容"，包括从同人小说到维基百科的贡献。

最后，我在书的结尾再次提出，通过进一步研究，寻求对用户创新和用户创新范式的更深入的理解是非常重要的。用户创新为"家庭部门"的所有人提供了赋权的希望，同时丰富了我们的个人生活，增加了社会福利，改善了国家经济。

用户创新和"多角度的"相关研究

回想一下第一章，我把用户创新定义为①是由消费者在无报酬的自由支配时间内自费开发的；② 不受其开发人员的保护，因此任何人都可以免费使用。这是有意对用户创新的定义进行约束。该定义规定，用户创新模式和样本不得包含任何形式的有偿交易，创新开发工作完全是自我激励的。关注用户创新的目的在于排除掉许多潜在的干扰变量，从而使研究人员能够更清晰地分析用户创新的核心现象。前面讨论的这类现象的例证是用户创新者的开拓创新，以及用户创新者中可能缺乏扩散的激励。

当然，世界上大部分的创新是混合型的，因此将在或多或少的程度上偏离我们对用户创新的定义。对于研究人员来说，这是一个机遇，而不是一个问题。我们可以首先在用户创新的精确视角下分离和分析有趣的现象，然后逐步放松约束条件，以便将混合案例纳入考虑。通过逐步放松约束条件，我们可以了解用户创新的特征行为是否以及能在多大程度上在混合创新中继续存在，以及是否会出现新的行为。例如，在当今一些开源软件和硬件项目中,贡献者完全是家庭部门创新者。而在其他项目中,许多贡献者由生产商支付费用。我们可以利用这一区别来探索带薪员工和相关生产商的激励措施在多大程度上改变了开源项目及其产出,以及社会福利的相关收益或损失。

其他研究的重点聚焦于"非生产商创新"现象的不同方面,包括基于共同体的同侪生产、用户创新和开放式创新。研究人员可以从这些概念中进行选择,或根据他们提出的研究问题和他们感兴趣的方向形成自己的概念。

基于共同体的同侪生产是Benkler(2002,2006)创造的一个术语,并在研究中占据突出地位。基于共同体的同侪生产描述了分布式"生产"网络,其中大量贡献者将自己的资源带入一项活动。然后,他们通常通过互联网进行合作,产生有价值的产出,并将其披露给大众。

基于共同体的同侪生产与用户创新具备许多相同点。最重要的区别在于这两个概念的简洁性与包容性。正如前文所提及的,用户创新视角受到严格限制。相比之下,基于共同体的同侪对等生产方式包含了更多的丰富性和复杂性。因此,尽管用户创新者必须是自我激励的,但对基于共同体的同侪生产参与者来说不一定是:同侪生产项目的创造者可能是自我激励的,也可能是有偿的。同样,在创新发展和传播过程中,用户创新者不得从事有偿交易。相比之下,同侪生产项目的参与者可能会参与社会和货币交易,从而产生相关的交易成本。由于其包容性,基于共同体的同侪生产视角在研究复杂的现实世界时特别适用。出于同样的原因,该视角的应用会在定量分析和建模时变得更加困难。

用户创新非常关注创新者与他们开发的创新之间的功能关系。如果创新者开发了供个人或内部使用的创新,他(她)就是用户创新者。如果创新者开发了可销售的创新,他(她)就是生产商创新者(von Hippel,

1976，1988，2005）。自我激励和补偿交易的是否存在，在这个简单的定义中并不重要。因此，用户创新视角既包括用户创新者，也包括寻求利润的生产企业。例如，用户创新公司可以是开发一种供内部使用而不是用于销售的新型工艺机器。该公司的确是作为用户，但与用户创新者不同的是，它通过在运营中使用该机器来获取利润。

　　用户创新研究视角有助于区分创新者是掌握了特定创新需求的第一手信息，还是第二手信息。作为用户，无论是用户创新者还是公司，都是需求信息的产生者。相比之下，生产商必须从用户那里获得信息，但或多或少会损失一些真实性。这种明确的区分以及黏性信息的概念（von Hippel，1994），使我们能够理解为什么用户和生产商会拥有不同的黏性信息本地库存，因此倾向于开发不同类型的创新。其次，作为用户，无论是个人用户创新者还是用户公司，都可能只关心自己对创新的需求，而以销售为动力的生产商更关心广泛的市场。这种区别对所有用户创新者的创新开拓都会产生影响，正如第4章中关于家庭部门用户创新者的案例所述。

　　开放式创新（Chesbrough，2003）完全属于生产商创新范式。与仅依赖内部开发的知识产权策略相比，这个视角有助于探索和解释获取和销售创新内容和知识产权的公司策略，为什么以及何时可以增加利润。"开放"一词指的是组织上开放的生产商创新过程，而不涉及信息共享的过程。这样看来，开放式创新与技术市场竞争的概念非常相似（Arora，Fosfori和Gambardella，2001；Rivette和Kline，1999）。关于与用户创新相关的研究问题，开放式创新视角有助于探索生产商为用户创新者提供支持和获取用户创新的策略——这是我所讨论的用户创新范式与生产商创新范式之间的两种互动形式。

衡量用户创新

在这本书中，我主要以经济理论与分析相结合的方式来描述和探索用户创新。我做到了这一点，尽管用户创新不是基础，甚至并不"涉及金钱"。相反，正如对用户创新者动机的研究中所述，用户创新最直接地"涉及"广泛的人类利益和价值观，这些利益和价值观与效用、参与度、兴趣、学习能力、创造力、利他主义以及其他与"人类繁荣"相关的重要问题息息相关（Fisher，2010；W. von Hippel，Hayward，Baker，Dubbs 和 E. von Hippel，2016）。然而，为了进行用户创新范式和生产商创新范式的活动分析，两者需要采取共同的经济措施。

制定可以与经济分析相兼容的衡量用户创新的方法不是一项简单的任务。在用户创新中，与生产商创新形成鲜明对比的是，没有交易可以用来记录所做投资的价值，以及创造和传播的产出。此外，在用户创新中，用户创新者不申请专利，无法当作发展独创性的标志。尽管如此，在两种范式和范式输出中，仍可以设计出都可使用的经济措施。鉴于用户创新的范围和重要性，为此目的所做出的努力显然是值得的。为未定价产品流赋值的尝试已经开始，改进无疑也将随之而来（例如，见 Brynjolfsson 和 Oh，2012；Ghosh，1998）。

目前，家庭部门用户创新还没有计入官方数据统计中。部分原因是，按照熊彼特传统的以生产商为中心的假设，官方收集创新数据的来源主要集中在商业企业。另一方面，这是因为由用户创新者开发且可以自由传播的创新不符合当今经合组织（OECD）对创新的官方定义。回顾第一章，OECD 对创新的定义："创新的一个共同特征是它必须被实施。一种新的或改进的产品在上市时即被实施（*Oslo Manual*，2005，paragraph 150）。"当然，用户创新不会通过市场传播——它们是免费传播的，因此无法纳入OECD的定义之中。我们需要通过修改创新的官方定义来纠正这个问题，以使用户创新获得更广泛的互联网支持的推广（Gault，2012）。

只要这个定义存在，OECD"在市场上"的要求就会在创新衡量方面存在误差。最直接的是，它隐藏了家庭部门中产生的用户创新，因为它们不符合创新的官方定义。这意味着只有当生产商将其商业化时，用户创新才会出现在官方创新统计中。那时，他们被归为"引入市场新产品"的生产商，而不是真正的用户创新开发者。这显然歪曲了创新的来源。这也导致生产商对消费产品和服务研发生产率的夸大。夸大可能是实质性的——一些实证研究发现，生产商商业化的主要创新中，约50%~90%实际上最初是由家庭部门的创新者开发的（Shah，2000；Hienerth，von Hippel和Jensen，2014；Oliveira和von Hippel，2011；van der Boor，Oliveira和Veloso，2014）。

迄今为止，在政府没有收集官方统计数据的情况下，用户创新的统计数据是通过本书中所讨论的实证研究收集的。此外，仍需要定期收集关于家庭部门创新的丰富数据。这将使研究人员能够积累许多研究所需的时间序列数据，从研究用户创新是如何演变的，到研究用户创新在各种条件下所受干预的影响。

对家庭部门创新者的社会调查和对生产商的调查都有助于收集此类工作所需的信息。社会调查可用于直接询问个人有关的用户创新和创业创新活动、他们的投入以及他们创造的产出。社会调查也可以用来收集"用户创新者的故事"，以将创新传播给同行和生产商。为了获得来自生产商一方的对故事的补充，政府对企业的调查可以修改为询问采用用户创新者设计的发生率和价值。芬兰和瑞士的调查，通过在社区创新调查（CIS）中添加实验问题，已经朝着这个方向进行了初步实验。这些实验表明，通过CIS可以收集到有价值的用户创新信息。

具体而言，芬兰的调查结果表明，生产商确实采用了用户设计作为新商业产品的基础，这对他们在市场上的成功很重要（Kuusisto，Niemi 和 Gault，2014）。2014年，芬兰报告称，约6.1%的芬兰公司专注于消费品，终端消费者的全新产品设计对其产品开发具有中等或高度重要性。此外，8.7%的公司报告称，终端消费者对其产品的修改对他们来说具有中等和高度的重要性（芬兰统计局，2016，附录表6和附录表7）。对瑞士数据的分析，进一步证实了用户创新者和生产商之间分工对生产商的优势（Wörter，Trantopoulos，von Hippel 和 von Krogh，2016）。

将用户创新纳入微观经济理论

尽管用户创新在家庭部门的重要性越来越大，但其尚未纳入标准的微观经济理论中。原因一是用户创新的统计数据系列尚不存在。原因二是，如果没有令人信服的数据，对创新感兴趣的研究人员可能会满足于在传统生产商创新范式下工作，而忽视了国民经济中家庭部门所体现出的创新水平。毕竟熊彼特框架在很大程度上确实适合创新发展活动。此外，几十年来积累的学术发现和数据积累，为研究生产商创新范式营造了一个更丰富、更完善的常规科学环境。

将创新研究和研究问题扩展到用户创新范式内，为经济理论创新提供了新颖而丰富的内容。本书初步探讨了几个说明性的例子。在第四章中，我解释了为什么用户创新者倾向于开拓新的应用和市场，而生产商创新者随后跟进。在第五章中，我探讨了可能会减少用户创新扩散的市场失灵。在第三章和第六章中，我讨论了用户创新者和生产商创新者之间可能富有成效的分工概念。我和我的同事还发现，相对于只有生产商创新者的世界，用户创新对社会福利和生产商的利润也有积极影响。

从研究的角度来看，我和我的同事已经证明，用户创新范式中的创新活动并不需要知识产权才能生存。这一发现可以为重新思考微观经济创新模式的核心特征开辟道路：假设创新的私人投资必须受到知识产权体系的保护。这一假设背后的论据是，如果有人可以简单地复制他们的创新，那么生产商从创新投资中获得的利润就会消失，因此生产商必须在一段时间内获得对其创新的独家控制权。（见 Machlup 和 Penrose，1950；Teece，1986；Gallini 和 Scotchmer，2002。）

我们现在看到，生产商需要知识产权来保护自己在创新设计方面的投资并从中获利，而采用来自用户创新者的自由设计所需的生产商投资要少得多，同时保护也少得多。这是一个值得探索的选择，众所周知，从社会的角度来看，知识产权是魔鬼交易。在（假定）增强生产商创新动力的同时，生产商还通过实施垄断定价给社会造成了沉重的损失。这样的专利也扰乱了所在领域的快速发展，因为知识产权的所有者在进一步研究和开发道路上设置了收费站（Murray 和 Stern，2007；Bessen 和 Maskin，2009；Murray，Aghion，Dewatripont，Kolev 和 Stern，2009；Dosi，Marengo 和 Pasquali，2006；Merges 和 Nelson，1994）。缓解这些负面影响的努力由来已久（例如，Hall 和 Harhoff，2004）。然而，对于知识产权，社会目标和生产商目标之间的内在冲突是根本性的，这个问题在未来将会凸显。

对知识产权必要性和效力的重新思考应基于一个更具经验性的理解，在此基础上，才更适用于当下。有时即使在法律上被授予专利权，专利权在实践中也不存在。因此，大学、政府和非营利机构的生物医学研究人员经常忽视专利持有者的合法权利，专利持有者的主张可能会阻碍他们的研究（Walsh，Cho 和 Cohen，2005）。相比之下，许多创新类型不受法律保护，因此被经济学家认为是免费的，实际上是通过社会手段而不是法律手段从潜在的自由采用者那里获得的。例如，有造诣的厨师无法在法律上保护他们开发的新颖且具有重要经济意义的食谱的专有权，并且在实践中，食谱无法获得专利权。然而，这些食谱还是受到了专业厨师社区内有反抄袭规定的社区强制执行的有效保护（Fauchart 和 von Hippel，2008；King 和 Verona，2014）。

用户创新的新政策制定

支持创新的公共政策干预的基本理由是增加社会福利。Gambardella、Raasch 和 von Hippel（2016）已经证明，当用户创新和生产商创新之间存在分工时，社会福利就会增加。制定与用户创新的发展和传播有关的新政策有助于支持社会福利改善。

显而易见，支持用户创新的政策举措可以包括降低用户创新者发展成本的措施，也包括为自由开发者之间交换设计信息而开发的开放标准提供公共资金。此外，政府向生产商提供的研发补贴，可以支持升级用户创新者使用的物理设施，例如制造商空间（有时也称为工厂实验室或黑客空间），这些空间配备了复杂的工具，超出了大多数用户创新者的能力范围（Svennson 和 Hartmann，2016）。其他基础设施改进可能包括支持开发"大数据"应用，以识别、收集和整理有关消费者未满足需求的开放公共数据。最终结果可能是用户创新者的创新机会和平均社会福利都会增加。

回顾第五章，用户创新者没有足够的动力投资于免费推广他们的创新成果。支持和降低用户创新者设计成本的政策举措有助于减少这一投资缺口。例如，免费、易于使用的公共设计信息存储库可以达到此目的。这些存储库应具有开放统一的文档规范标准。在缺乏对开放标准的有力推动的情况下，自由设计信息的专有存储库可能会出现，而每个存储库的标准与赞助商的专有标准息息相关。

Gambardella、Raasch和von Hippel（2016）解释说，鼓励生产商通过用户创新来支持创新发展的政策措施，应仔细区分补充用户创新和替代用户创新的投资。如果企业研发的公共激励活动能促使企业投资与用户创新协同发展，那么它无疑会提高福利。然而，如果公共激励措施转而支持生产商研发，来替代用户创新所能做的创新工作，那么实际结果可能是将用户创新者的福利重新分配给企业，或许还会降低总社会福利。

随着技术不断进步，用户创新者的机会也在不断增加。因此，用户创新者和生产商创新者之间的适当分工必须不断更新。例如，临床医生在给患者使用药物的常规医疗实践过程中，经常发现新的药物应用，而这些药物已不再受专利保护（DeMonaco，Ali和von Hippel，2006）。生产商据此认为，在没有垄断权的情况下，投资于临床试验以证明此类新应用的有效性是没有利润的。在这种情况下，以生产商为中心的解决方案将授予制药公司对新应用的额外垄断权（Roin，2013）。相比之下，以用户创新者为中心的解决方案则支持患者和临床医生独立于生产商进行临床试验。如第十章所述，这一途径的实用性已在一项ALS潜在治疗试验中得到证明（Wicks，Vaughan，Massagli和Heywood，2011）。

将用户创新范式扩展到创新内容之外

家庭部门的无偿个人创新产生了许多具有社会价值的免费信息的产出。例如，现场业余观察员收集、评估和传播信息（Benkler，2006），免费为维基百科贡献相关的研究和写作，以及由无偿业余作家社区创作和免费分发"同人小说"（Jenkins 2008；Jenkins，Ford和Green，2013）。这些来自家庭部门或其他部门的特定形式的非创新性创意产出，通常统称为"用户生成内容"（UGC）或"用户创建内容"（UCC）。OECD的一项研究将"用户生成内容"定义为：① 通过互联网公开的内容；② 反映"一定程度的创造性努力"，③ "在专业惯例和实践之外创造的"（Wunsch-Vincent 和 Vickery，2007，4）。

我认为，用户创新范式可以很好地描述和传播UCC所涉及的活动和经济因素。毕竟，UCC与用户创新一样，通常由个人无偿开发，其动机是自我激励，在自由支配的时间内工作，通常不受其开发人员的保护。

经过反思，用户创新范式在描述创新以外的家庭部门的创新活动和产出方面十分有用。与生产商创新范式相关的许多独特的行为和艰难的政策选择源自生产商需要从销售中获取垄断利润，以从其对创新的私人投资中获得回报。相比之下，用户创新范式中的创新发展是自我激励的，因此即使产出是"免费"传播，也是可行的。这也适用于非创新用户生成的内容，生成的内容是以自我激励为动机并免费的。

为了说明两者的相似之处，请考虑家庭部门以自我激励为动机的作家所写的"同人小说"的免费发行情况。同人小说的作品通常以知名作家的书籍为基础。根据版权法，这些"衍生作品"是非法的，但同人小说作者仍然免费创作并广泛传播（Jenkins，2008）。家庭部门中的个人在版权作品中提供的"平台"或"工具包"，与出版商产生了如第六章和第七章中所讨论的用户创新者和生产商之间的经济互动效应。如今，商业出版商和流行作家越来越认识到，同人小说是对其知识产权的商业价值的免费补充，因此他们寻求支持同人小说，而不是压制它（Arai 和 Kinukawa，2014）。事实证明，同人小说的用户是同人小说作品所依据的原作品的狂热买家。事实上，同人小说似乎扩大了已出版小说的市场，——对制片人来说这是个有价值的免费补充。此外，正如用户创新的设计有时会被商业化一样，同人小说可以成为商业上有价值的作品以及出版商的新作品来源（Jenkins，

Ford 和 Green，2013）。在网络中，免费同人小说作家和商业小说制作人之间的经济互动与 Gambardella、Raasch 和 von Hippel（2016）所描述的在用户创新和生产商创新范式下的创新者之间的互动非常相似。

用户创新范式的扩散不足（第五章）也会影响用户免费提供的创建内容。例如，有人发现，许多维基百科贡献者在自我激励下，选择写个人感兴趣的话题，而不是大多数维基百科读者更感兴趣的话题。因此，如果一个自我激励的维基百科撰稿人对兰花充满热情，会写一篇关于兰花的文章，即使大多数维基百科读者都会更喜欢另外一篇关于管道的文章。这种模式被 Warncke-Wang、Ranjan、Terveen 和 Hecht（2015）证实了，他们分析了四种语言版本的维基百科，发现所有版本的生产和消费之间存在普遍的不一致。

我认为，探讨如何把探索用户创新范式中的原则和实践扩展到创新之外，以解释和支持家庭部门的各种个人和社会价值的发展工作，将会非常有意义。同样，正如本书中引用的许多作者提出的，一般的自由创造性活动，特别是用户创新，通过研究自我表达和能力等个人价值的经验维度，提高了社会福利，改善了人们生活。（Fisher，2010；Benkler，2006）。

在这本书中，我尝试将过去几年与同事共同开发的有价值的新理论和新研究成果整合到"用户创新范式"的框架中。我将用户创新范式定位为对熊彼特创新范式充分性的挑战和有益性的补充。这两种范式都描述了重要的创新过程，用户创新范式纳入了生产商创新范式没有包含的家庭部门创新这一重要内容。

回想一下，我所提出和描述的用户创新范式，其研究过程尚需完善。事实上，我的主张恰恰相反。当对新观察到的现象的理解出现时，当关于潜在统一结构的想法需要帮助指导新的研究时，新的范式是最有用的

（Kuhn，1962）。这是我希望本书中描述的用户创新范式将发挥的作用。如果成功，它将有助于构建和支持现有的以生产商为中心的范式所不包括的重要研究问题的发现，从而为创新研究、决策和实践的进一步发展提供一个更好的平台。

作为对"民主化"家庭部门创新实践的描述，用户创新范式将帮助我们增进对个人自由和创造性行动潜力的理解。通过更深入地探索用户创新是什么、可以成为什么，我们可以更有效地支持用户创新的增长和发展，从而支持我们自己的成长和发展。

附录 A
家庭部门创新调查问卷

如第二章所示，我们对家庭部门的产品开发进行比较是可能的，因为我们的团队成员意图使用相同的基本问卷，并额外增加了一些问题来进行调查。因此，考虑到希望将可比数据的收集扩展到其他国家或在另一个国家内纵向收集，我复制了我们联合调查问卷的最新版本（de Jong，2016）。Jeroen P. J. de Jong 是这份问卷的主要作者，作为问卷设计和分析方面的专家，他愿意为任何希望使用或修改这份问卷的人提供建议。

需要注意的是，到目前为止，我和我的同事使用下面复制的问卷只是为了收集关于家庭部门产品创新的信息，就像第二章讨论的全国性调查一样。鉴于服务业在国民经济中的重要性，将数据收集范围扩大到服务业的家庭部门创新显然也是有益的。然而，还没有找到一个可靠的方法来做到这一点，我们已经尝试了几种方法和几种不同的调查问卷，但都没有成功。在我们看来，最基本的问题是在面对问卷调查时，受访者通常无法将服务创新的实例从非创新的日常生活模式中分离出来。

例如，在问卷线索的提示下，受访者相对容易回忆起对爷爷最喜欢的椅子进行物理改造，使爷爷更容易从座位上安全地站起来——这是一种产品创新。但受访者似乎无法回忆并报告曾设计出的服务——借助一连串的特殊提举动作，使爷爷在护理人员的协助下安全地从未经改装的椅子上站起来。即使后续的面对面访谈发现他们事实上已经设计了这样一连串的提升动作，情况也是如此；即使我们在开始提问时，要求受访者回忆他们最近遇到的问题，而不是他们制定的解决方案，问题依然存在。他们可能会回答"我遇到了一个问题，我很难让爷爷安全地从他最喜欢的椅子上站起来"，但当我们接下来问"你是怎么做的？"时，他们更有可能回忆起对椅子进行的物理修改，而不是回忆起为解决问题而进行的服务修改或技术修改。我和我的同事们认为，这并不意味着家庭部门的用户创新者普遍缺乏服务创新。回顾一下，在第八章介绍的医疗服务创新研究中，许多受访者正经历着重大的日常困难并患有罕见疾病，与我们对一般家庭创新者的经验相反，他们可能通常经历和待解决的需求不那么强烈，这些人经常回忆服务创新，至少，他们回忆了那些为他们提供重大帮助和改善了他们日常状况的人（Oliveira，Zejnilovic，Canhão 和 von Hippel，2015）。希望使用下文转载的调查问卷的研究人员不妨尝试解决有关服务创新收集的问题——对我们所有人来说，一个好的解决方案是很重要的。

接下来，我将补充一些意见，以进一步解释我们在设计调查问卷时所作的选择。

首先，为了帮助受访者回忆起他们可能开发的创新，de Jong 设计了一个程序，向受访者提供一系列特定主题的线索，如"在过去三年中你是否开发或修改过计算机软件？家用装置或家具？"所使用的提示语见下文复制的调查问卷。

其次，请注意调查问卷中包含筛选问题，以确保受访者所描述的创新内容符合研究标准。受访者被问及是否在过去三年内开发了创新，创新是为了工作还是为了业务（以筛选出与工作相关的创新），以及他们是否可以在市场上购买类似的产品（以筛选出现有产品的自制版本）。如果有其他研究目的，还可以增加其他筛选问题。

最后，还是在筛选方面，我们发现加入一个开放式的问题，让受访者简要描述他们声称的创新是很有用的，这样的问题可以帮助排除假创新。

经验表明，许多家庭部门的受访者对创新一词的含义只有一个模糊的概念。例如，一个受访者说"是的，我有过创新"，然后继续以符合研究的创新标准的方式回答上述筛选问题，然而，当被要求简要描述这项创新时，该受访者说："我为我的马建了一个新马厩。"对创新的简要描述可以轻松排除假创新。

关于样本选择和更多的方法信息，见 von Hippel、de Jong 和 Flowers（2012），de Jong、von Hippel、Gault、Kuusisto 和 Raasch（2016），以及 Kim（2015）。

调查脚本

以下调查脚本来自 de Jong（2016）。在应用本脚本之前，会向受访者提供了一份介绍性声明，说明本研究的目的，并提供有关赞助、数据使用方式以及答案保密性的信息。A 部分是为了识别调查中是否有创新的消费者，B 部分包括迄今为止实证研究中所使用的主要后续问题。

A 部分

以下问题与您闲暇时的创造性活动有关，您可能为个人使用、帮助他人、学习或只是因为乐趣而创造了新的产品或产品修改。我将提供一些例子。

A02　第一，通过编写原始代码创建计算机软件。在过去三年内，您是否曾利用闲暇时间开发自己的计算机软件？

1：是　2：否

如果 A02>1，转到 A12

A03　您这样做主要是为了您的雇主或企业吗？

1：是　2：否

如果 A03=1，转到 A12

A04　在您开发它的时候，您是否能在市场上买到现成的类似软件？

1：是　2：否

如果 A04=1，转到 A12

A05　您最初开发它是为了销售，或自己使用，还是出于其他原因？

1：出售　2：自己使用　3：其他，请说明

如果 A05=1，转到 A12

A06a　您开发了什么样的软件？（开放式问题）

A06b　这个软件有什么新功能？（开放式问题）

（针对以下提示，重复上述问题的顺序。）

A12　第二，家用固定装置和家具，如厨房和炊具、清洁设备、照明设备、家具，等等。在过去的三年里，您是否曾经利用闲暇时间来自己制作家用固定装置或家具？

1：是　2：否

A22　第三，您可能已经开发了与交通或车辆相关的产品，如汽车、自行车、踏板车或任何相关产品。在过去的三年里，您是否曾经利用闲暇时间自己制作过与交通或车辆相关的产品或零部件？

1：是　2：否

A32　第四，工具和设备，如器具、模具、园艺工具、机械或电气设备等。在过去的三年里，您是否曾经利用闲暇时间来自己制作工具或设备？

1：是　2：否

A42　第五，体育、业余爱好和娱乐产品，如运动设备或游戏。在过去的三年里，您是否曾经利用闲暇时间来自己制作运动类、业余爱好类或娱

乐类产品？

1：是　2：否

A52　第六，与儿童和教育相关的产品，如玩具和教程。在过去的三年里，您是否曾经利用闲暇时间自己制作与孩子或教育相关的产品？

1：是　2：否

A62　第七，与帮助、护理或医疗相关的产品。在过去的三年里，您是否曾经利用闲暇时间自制与帮助、护理或医疗相关的产品？

1：是　2：否

A72　最后，在过去的三年里，您是否曾经利用闲暇时间制作或修改任何其他类型的产品或应用程序？

1：是　2：否

（后续问题和路线 A13-A16b，A23-A26b 等，见 A03-A06b。）

有效创新数量（A05、A15、…，A75>1）=0，结束

有效创新数量（A05、A15、…，A75>1）>1，转到 B01

A99　您刚才提到许多创新，您认为哪一项最重要？

1：计算机软件　2：家用或家具产品　3：运输或车辆相关产品　4：工具或设备　5：体育、爱好或娱乐产品　6：儿童或教育相关产品　7：帮助、护理或医疗相关产品　8：其他产品或应用

B 部分

我接下来的问题是关于您所创造的这项创新——插入受访者在 A99 中认为"最重要"的创新名称，我将在接下来的问题中把它称为"创新"。

B01　您为什么要开发这个创新？我会给您一个理由清单。请通过为每个原因分配 0 到 100 分来表明它们的重要性。所有原因的分数相加得出的总分数必须达到 100 分。

B01a　我个人需要它＿＿＿分

B01b　我想卖掉它/赚钱＿＿＿分

B01c　我想学习/发展我的技能＿＿＿分

B01d　我在帮助别人＿＿＿分

B01e　我是为了乐趣才这样做的＿＿＿分

B02a　您是否与其他人合作开发这项创新？

1：是　2：否

如果 B02a=2，转到 B03

B02b　还有多少人对开发这项创新做出贡献？＿＿＿人

B03　可否估计一下您投入了多少时间来开发这项特定的创新？

＿＿＿小时/天/周，在＿＿＿天/周/月的周期内

B04a　您是否在这项创新上花费了金钱？

1：是　2：否

如果 B04a=2，转到 B05

B04b　您能估计出花费了多少钱吗？＿＿＿欧元

B05　您用过什么方法来保护这项创新吗？（例如专利、商标、版权、保密协议）

1：是　2：否

B06　假设其他人感兴趣，您愿意无偿分享您的创新吗？

1：是，对任何人来说　2：是，但只有选择性地　3：否

B07　假设其他人会提供某种补偿，您愿意分享您的创新吗？

1：是的，对任何人来说　2：是的，但只有选择性地　3：否

B08　您有没有做过什么事情让别人或公司知道您的创新？

（例如：展示，交流，在网络上发布它的设计）

1：是　2：否

B09a　据您所知，有没有其他人把您的创新用于个人使用？

1：是　　2：否

如果 B09a=1，转到 B10a

B09b　您打算联系其他为个人使用而采用您的创新的人吗？

1：是　　2：否

B10a　您是独自还是与他人一起？目前拥有自己帮助管理的企业，还是自由职业者？

1：是　　2：否

如果 B10a=2，转到 B11a

B10b　您是否通过您的企业将创新商业化了？或者您打算这样做吗？

1：是的，我把它商业化了　　2：是的，我打算这样做　　3：否

B11a　您现在是一个人还是和其他人一起，在尝试创业？

1：是　　2：否

如果 B11a=2，转到 B12

B11b　您打算用这个初创公司将您的创新商业化吗？

1：是　　2：否

B12a　最后，您的雇主或任何其他商业企业可能会对您的创新感兴趣。有没有任何商业企业采用您的创新来进行一般销售？

1：是　　2：否

如果 B12a=1，结束

B12b　您是否打算联系商业企业，采用您的创新进行一般销售？

1：是　　2：否

附录 B
构建用户创新对市场和福利影响的模型

在第六章中，我总结并讨论了Gambardella、Raasch 和 von Hippel（2016）提出的建模结果。模型本身比非数学总结所能传达的内容要丰富得多，因此在本附录中，我再现了我们的模型"设置"信息的原始版本、模型本身的数学版本和相关发现，正如第4节和第5节以及Gambardella、Raasch 和 von Hippel（2016）的附录中所述。在阅读本附录之前，读者不妨回顾一下前文的第六章，以了解背景信息。

编者注：如上所述，本附录的其余部分引用自Gambardella、Raasch 和 von Hippel（2016）。这些材料由作者提供，在此转载。保留了原来的章节和分节的编号。图在原论文中编号为2，在此简称为"该图"。

第4节　模型的建立和结论

4.1　用户类型和"修补剩余"

我们将生产商的潜在市场分为两类用户：创新用户和非创新用户。创新型用户认为以下做法是可行的：开发和自我提供与生产商的产品有关的创新设计，例如改进、定制和补充。他们也可以自我提供生产商产品本身的自制产品，因此可以选择是从公司购买产品还是自己制作。非创新用户没有可行的创新选择。他们的成本可能太高，比如，因为他们缺乏所需的技能或获得工具的机会，或者因为他们的时间有很高的机会成本。然而，对于非创新用户来说，在用户创新者开发的设计的基础上复制和自我提供产品是可行的，其质量从与创新用户相当到零不等。

创新用户的份额是σ，我们认为这种份额是外生的和静态的；用户不能改变他们的类型。为简单起见，我们将市场规模标准化为1，这样σ和1−σ也是每种类型的用户数量。

关于从用户从创新中获得的效用，我们注意到实证研究发现，创新用户既从使用他们开发的创新中获得了效用，也从创新过程中获得了效用，例如乐趣和学习（Lakhani和Wolf，2005；Franke和Schreier，2010；Raasch和von Hippel，2013）。用户寻求从创新中获得最大的效用，我们称之为h，即通过确定最佳的资源量，如时间t，来实现创新的资源最大化，

$$\text{Max}(t)h \equiv \chi + (\phi^{1-\alpha}/\alpha)x^{1-\alpha}t^{\alpha} + 1 - t \tag{1}$$

在方程（1）中，参数χ代表用户创新者的效用，即当生产商不做任何事情来支持他时，扣除所有与创新有关的成本后，用户创新者从独立的创新项目中获得的效用。方程（1）的第二项代表当一个公司开展了x个项目来支持用户创新者的努力时，用户创新者获得的额外效用。这种支持的例子包括开发供用户使用的设计工具，以及通过游戏化使用户更喜欢产品的设计活动。参数$\alpha \in (0,1)$反映了创新用户的效用是由他们投入的时间（高α）还是由公司支持的程度决定的（低α）。参数$\phi > 0$反映了这个过程的生产率。最后一项，$1-t$，反映了用户创新者的剩余时间的价值。当他的总可用时间归一化为1，并且他已经决定将t用于创新项目，他可以花在其他方面的时间为$1-t$。

我们从方程（1）中推导出，用户在创新中的效用最大化的时间投资是$t = \phi x$，从而产生效用$h = \chi + (1 - \alpha/\alpha)\phi x + 1$。我们把这个反映用户从创新

中获得的净收益的表达式称为修补盈余（TS），其中TS是所有用户从创新和自我生产中获得的总净收益。它包括以下收益：使用自我提供的创新所带来的收益，加上上述的创新过程收益，再减去成本。当企业在用户创新支持方面的投资为零时，创新的用户仍然获得他们自己动手的修补盈余，$h=\chi+1>0$。如果公司确实在投资（$x>0$），TS就会随着投资水平的增加而增加。

4.2　共享创新与仅有生产商的创新

我们将所有购买者从生产商的产品中获得的价值分解为两部分：一是他们从只有生产商公司才会开发和生产的特征和组件中获得的价值v，二是购买者从公司和用户共同或单独开发和生产的特征和组件中获得的价值b。

只有生产商才会觉得开发这些功能是可行的，包括那些对许多个人用户提供有限价值的功能。没有个人用户会觉得开发这样的功能是可行的，但生产商可以在全体买家中聚合需求，从而收回他们的投资（Baldwin和von Hippel，2011）。这个类别的特征可能包括，例如，提高耐用性和易用性的产品工程、更精细的设计、产品的配套手册等。相比之下，个人用户（通常是"主要用户"）和生产商都可以开发的功能b需要较小的投资，并由个人用户创新者的较大利益来补偿。他们提供了较高的功能新颖性并解决了重要的、迄今尚未满足的用户需求（von Hippel，2005）。由于领先用户的需求预示着整个市场的需求（参见领先用户的定义），随着时间的推移，非创新用户也将可预见地从这些问题的解决方案中受益。

我们假设所有用户对创新型用户可能参与开发的b功能的评价往往比对生产商必须自行开发的v功能的评价更为相似。为了抓住这种对b的异质性较小的想法，同时简化我们的分析，我们假设用户只在对v（$v\sim U[0,1]$）的评价上有所不同，而他们对b的喜爱程度是相同的。在我们的用户和生产商创新与生产模型中，我们主要关注 b 类型的创新，因为根据我们的假设，生产商是唯一投资于 v 的人。假设关于 b 的创新取决于两种活动。

首先，b 类创新的数量取决于所有创新用户所付出的总努力 T，只要它对企业有用（例如扣除冗余）。为了简化分析，我们假设可用的总努力与 σ 创新用户的总努力 t 成正比，即 $T=\gamma'\sigma t$，$\gamma'>0$。（我们可以使用更复杂的聚合，允许创新用户数量的回报增加或减少，但结果将在实质上保持不变）。假设有相同的创新用户，并采用 t 的最佳表达式，$t=\phi x$，我们可以得到用户的总体努力：

$$T=\gamma\sigma x$$

其中 $\gamma=\gamma'\phi$ 包括任何提高企业利用创新用户的努力来改善 b 的生产力的因素。如前所述，企业可以通过 x 项目来影响用户的总努力 T，开发支持和利用创新用户的工具和平台。这些项目会影响用户希望花在创新项目上的时间 t，然后通过总努力 T 影响创新产品 b 的价值。其次，b 类型的创新是企业进行的一些资源承诺 Y 的函数。为了固定思路，Y 可以是商业研发项目或任何其他产品创造或开发活动。

我们定义：

$$Y=\xi(1-s)y,\ \xi\geqslant 0$$

其中 y 是企业的创新项目总数。公司将一个份额 s 分配给支持创新用户的项目，即 $x=sy$，其余的 $(1-s)y$ 则用于传统的商业研发项目（无论是内部还是外部）。支持创新用户的项目本身没有什么商业价值，但通过吸引更多的用户创新活动而间接产生价值。参数 ξ 衡量公司的商业研发的生产力。

考虑到创新的这两个驱动因素——用户的总体努力 T 和生产商的研发活动 Y——让创新产品对用户的价值为：

$$b=(T^{\beta}+Y^{\beta})^{1/\beta},\ \beta>0$$

我们可以把它改写成：

$$b=[\tau^{\beta}s^{\beta}+\xi^{\beta}(1-s)^{\beta}]^{1/\beta}y=\tilde{b}y$$

其中，$\tau\equiv\gamma\sigma$ 和 $\tilde{b}[\tau^{\beta}s^{\beta}+\xi^{\beta}(1-s)^{\beta}]^{1/\beta}$ 是公司所有 y 项目的生产力。

4.3 用户和生产商的创新活动是相互替代还是相互补充

参数 β 在我们的分析中起着重要作用。它反映了企业可以选择的两种方案，每一种都涉及一种不同的创新任务和资源的组织形式。第一种选择是，创新用户的努力 T 和生产商的努力 Y 是相互替代的。以编写新的软件代码为例，假设生产商和用户都可以为以下两项任务中的一项工作：① 新的功能，②创造便利的功能，如"用户友好"的安装脚本。生产商在每项任务上花费的精力越多，用户所能产生的创新影响就越小，反之亦然。一种努力往往会取代另一种努力。在我们的模型中，这种情况由 β >1 来体现，这意味着 T 对 b 的边际影响随着 Y 的增加而减少，反之亦然。

与此相反，第二种方案是为用户和生产商创新活动之间的互补性而安排研发。在我们的例子中，假设用户编写了新的代码，而生产商开发了"方便的功能"。用户在编码方面付出的努力越多，生产商所能产生的影响就越大，反之亦然。在我们的模型中，这种情况是 0< β <1，这意味着 T 对 b 的边际影响随着 Y 的增加而增加，反之亦然。研究表明，用户创新者往往专注于开发提供新功能的创新，而生产商则侧重于开发能够提高产品可靠性和用户便利性的创新（Riggs 和 von Hippel，1994；Ogawa，1998）。软件领域的一个好例子 RedHat。该公司的商业产品是以用户开发的 Linux 和 Apache 软件等开放源代码为基础的，RedHat 在此基础上增加了"简易安装"软件脚本等便利功能。

为了简化分析，我们假设每个公司都可以选择它的首选创新方案，而不是 β 的具体水平。在实践中，它的价值将取决于相关的行业、企业可用的技术，以及在研发中整合创新用户的最佳实践。

4.4　创新型用户和非创新型用户的个别市场需求

接下来，我们需要了解创新用户和非创新用户对生产商产品的需求，考虑到用户的可竞争性、用户创造的互补性和溢出效应，即我们在本文第3节中提出的不同类型的相互作用。

从创新的用户开始，我们预计只有在他们的消费者剩余为正并且超过他们自我提供的剩余时，他们才会从公司购买产品，也就是说，如果

$$v+b-p+h \geq \lambda b+h,\ v \sim \mathrm{U}[0,1],\ 0 \leq \lambda \leq 1 \qquad （2）$$

$v+b-p$ 是消费者剩余，其中 $v+b$ 是我们对生产商产品的价值分解（参见第4.2节），p 是它的价格。在自供的情况下，用户创新者将不会得到效用 v，因为效用 v 只由企业提供。在所有创新用户与企业共同创造的效用 b 中，他只能得到"带走的价值" λb，他可以通过从这个共同创造的过程中学习并尝试自己建造类似 b 的功能来实现这一价值。他自己提供的 b 的质量 $0 \leq \lambda \leq 1$ 将取决于几个因素，如公司向用户创新者溢出信息的程度和形式、他对溢出信息的"吸收能力"以及他将信息转化为可用产品的技能。以软件编程为例，生产商开放他的源代码供用户共同开发，如果复制功能 b 所需的基本设计信息被完全公开，λ 将接近于1。在这个例子中，如果生产商只分享部分源代码，λ 就会相应地降低。

最后，回顾一下用户创新者从他自己的创新活动中获得的剩余 h，包括那些企业不感兴趣的扩展和定制。不管他是否购买了生产商的产品，用户创新者都会得到这个剩余 h——修补盈余。

回顾一下，非创新用户只是通过市场购买生产商提供的产品，或者在他们有能力的情况下，可以选择复制由用户创新者开发的、然后点对点共享的设计。基于前面所说的 v、b 和 p 作为需求的构成因素，我们预计非创

新用户会在以下情况下去市场上购买，如果：

$$v+b-p+\mu'h \geq \mu b+\mu'h \qquad 0 \leq \mu, \mu' \leq 1 \qquad （3）$$

并在其他情况下自我提供。

方程（3）中的参数 μ 和 μ' 反映了非创新用户获得创新用户设计知识（这将取决于创新用户传播设计信息的倾向）和复制它们并从中受益的能力。而 μ' 是指非创新用户从创新用户的设计中获益的能力。当然，当非创新用户从企业购买时，他们享受的是企业产品中的 b，而当他们通过点对点的扩散从创新用户那里获得产品时，他们享受的是 μb。我们期望非创新用户对创新用户的设计有不完善的了解，在自我提供方面的技能较低，并且/或者从使用这些设计中获益较少（ $\mu \leq \lambda$ 和 $\mu' \leq 1$）。关于不完善的知识和较高的自我提供成本，考虑到创新用户很可能认为，在自由展示设计的情况下，为了潜在采用者的利益精心设计文件是一件无利可图的苦差事（de Jong 等人，2015；von Hippel，DeMonaco 和 de Jong，2016）。关于较低层次的利益，须考虑设计的开发是为了精确地满足创新用户的个人品位。

最后，至关重要的是，要认识到我们的模型意味着生产商需要权衡利弊。企业可以从创新用户那里学习如何为创新用户和非创新用户制造更好的产品 b 而获益；为此，企业希望投资 x，让用户更广泛地参与进来。同时，这也是以促进创新用户和非创新用户的自我供应为代价的。当生产商投资于工具和工具包，将产品模块化或透露设计知识（如源代码）以促进用户创新时，也会使创新用户和非创新的用户更容易自我供应而不是购买。我们的模型假定，即使是选择了最符合其目标的支持用户创新的模式，生产商也不能完全避免用户竞争性增强的这种副作用。

4.5 企业的利润最大化

非创新用户的需求为 $(1-\sigma)$，创新用户的总需求量为 σ：

$$q=(1-\sigma)(1-p+(1-\mu)b)+\sigma(1-p+(1-\lambda)b)=1-p+\eta b \tag{4}$$

和

$$\eta \equiv (1-\mu)(1-\sigma)+(1-\lambda)\sigma$$

求解 p，逆向需求为

$$p=1+\eta b-q \tag{5}$$

在市场上有 N 个均衡企业的情况下，总需求为 $q=\sum_{j=1}^{N}q_j$，而 q/N 是一个企业所面临的需求。企业利润 $\prod_i$ 是由企业 i 销售的单位数量 q_i，乘以利润率，由价格 p 减去生产的边际成本 φ，再减去 y 创新项目的成本。

$$\prod_i=(p-\varphi)q_i-\kappa y^2 \tag{6}$$

其中我们假设运行 y 项目的收益递减。

为了实现利润最大化，企业按以下顺序做出几个相互关联的决定。首先，它们决定其研发的组织方式。具体来说，它们从两个选项中选择一个：研发组织方式即用户和生产商的投入（T 和 Y）成为替代品（$\beta>1$）或互补（$0<\beta<1$）。与改变项目数量相比，企业改变其研发组织结构和能力需要更长的时间，这就是为什么我们将此作为第一选择的模型。接下来，企业选择它们的研发相关项目的总数（y）。然后，它们决定将项目的份额（$1-s$）分配给传统的生产商研发。其余的项目——份额 s，将被用于支持用户创新，从而间接地增加企业可用的新产品创意流量。最后，企业决定在市场上生产和销售的数量（q_i）。

我们使用逆向归纳法来推导生产商的最优决策。在本节中，我们按照最佳选择 q_i、s、y 的顺序来看。在第 4.7 节中，我们将研究创新模式的选择（β）。

$\boldsymbol{q_i}$ **的选择。** 我们对（6）的输出量（q_i）做导数，得到 foc：$1+\eta b-\varphi-\sum_{j=1}^{N}q_j-q_i=0$。在对称均衡中，这产生了利润最大化的数量、价格和利润：

$$q_i=(1+\eta b-\varphi)/(N+1) \tag{7a}$$

$$p=(1+\eta\,b-\varphi)/(N+1)+\varphi \qquad (7b)$$

$$\prod_i=(p-\varphi)^2-\kappa\,y^2=[(1+\eta\,b-\varphi)/(N+1)]^2-\kappa\,y^2 \qquad (7c)$$

s 的选择。为了确定企业项目中旨在支持用户创新的份额 s，我们最大化 $\tilde{b}^U=(\xi^\theta+\tau^\theta)^{1/\theta}$，得到 foc $\tau^\beta\,\beta\,s^{\beta-1}-\beta\,\xi^\beta(1-s)^{\beta-1}=0$。为了确定最佳 s，需要进行情况区分。在用户努力和生产商研发之间互补的情况下，即如果 $0<\beta<1$，soc 是负的，这意味着有一个中间项目分配 $0<s<1$ 给用户支持，使创新产出最大化 $\tilde{b}$（具体是 $s=\tau^\theta/(\xi^\theta+\tau^\theta)$，和 $\theta\equiv\beta/(1-\beta)$）。从 τ 的表达式可以看出，这个分配给用户创新支持的最佳项目份额随着创新用户在市场中的份额和他们在有商业价值的想法方面的生产率的增加而增加（$s_\sigma,s_\gamma>0$，从现在开始我们用下标表示导数），并随着生产商研发的生产率而减少（$s_\xi<0$）。在用户和生产商创新努力之间存在替代的情况下，即如果 $\beta>1$，soc 是正的，这意味着对用户支持的最佳分配 s 是 0 或 1，这取决于用户在 $\tilde{b}$ 中贡献的生产率，即 τ，是大于还是小于企业贡献的生产率，即 ξ。

y 的选择。（7c）中相对于 y 的 foc 为 $2(1+\eta\,b-\varphi)\,\eta\,\tilde{b}/(N+1)^2-\kappa\,y^2=0$，其中 $y=(1-\varphi)z/[\kappa(N+1)^2-z^2]$，这里 $z\equiv\eta\,\tilde{b}$。请注意 soc 意味着 $\kappa(N+1)^2-z^2>0$，这样利润最大化的投资 y 总是正的。我们也很容易看到，y 随着 z 的增加而增加。

4.6 生产商与用户增强的创新模式

从上一节与企业（s）的创新项目分布有关的研究结果中，我们看到有两种创新模式，而且企业会希望在这两种模式中进行选择。第一种模式的特点是 $\beta>1$，$s=0$。也就是说，在这种模式下，企业选择自行组织研发，用户和生产商的努力是替代性投入，然后将他们的全部预算分配给自己的商业研发活动，不以任何方式支持用户创新活动。我们把这称为生产商（P）创新模式。在这种模式下，企业忽略了创新用户，只围绕封闭的商业研发

来组织 b 的创造。

由于是封闭的，企业不需要担心信息溢出至创新用户（$\lambda=0$）和非创新用户（$\mu=0$）。因此，在生产商模式下，非创新用户和创新用户的需求分别简化为

$$v-p+b+\mu'h \geq \mu'h \qquad (8)$$

$$v-p+b+h \geq h \qquad (8')$$

同时，总需求是（4），$\eta=1$ 而不是 $(1-\mu)(1-\sigma)+(1-\lambda)\sigma$。

第二种创新模式的特点是，企业组织其研发以实现与用户创新者的互补（$0<\beta<1$），然后对用户创新支持进行积极投资（最佳 $s=\tau^\theta/(\xi^\theta+\tau^\theta)>0$）。我们称之为用户增强型（U）模式。在这种模式下，企业积极利用用户创造的溢出效应进行创新，并组织其研发以利用这两种创新来源的互补性。用户为提高产品的使用价值 b 做出了贡献，这提高了非创新用户和创新用户的需求。同时，企业对创新用户的支持创造了用户在特征 $b(\lambda,\mu \geq 0)$ 方面的可竞争性。

总而言之，在 U 模式与 P 模式之间的权衡取决于生产商的投资，以促进用户的创新并获得溢出效应，但这一行动同时又不可避免地促进了用户的自我供给，其程度可大可小。

4.7　创新模式的选择（β）

我们继续先前的反向归纳过程，以了解创新用户市场的结果，现在我们考虑生产商的第一个决策，即创新模式的选择。我们的目标是了解在什么条件下，生产商会更喜欢生产商模式而不是用户增强模式，反之亦然。此外，更重要的是，我们研究在什么条件下，我们在许多市场上观察到的创新用户的日益普遍（参见 Baldwin 和 von Hippel，2011）会使用户整合成为生产商利润最大化的创新战略。

下面的第一个定理解释了生产商企业对创新模式的选择。该定理指出，在两个条件下，在创新用户份额不断增加的市场中，企业会发现转向用户增强型模式符合自己的最佳利益。在转换过程中，企业意识到它们正在加强用户的可竞争性，但也意识到，总的来说，这比封闭的创新方式更有利可图。

要找到利润最大化的创新模式，方便的做法是将企业利润的表达式（7c）改写为：

$$\prod = [(1+z\gamma-\varphi)/(N+1)^2]-\kappa y^2 \tag{9}$$

这个表达式包含了P模式和U模式下的利润，它们之间的区别只在于 z。（特别是，在P模式下，$z^P = \eta^P \tilde{b}^P$，其中 $\eta^P=1$ 并且 $\tilde{b}^P=\xi$；在U模式下，$z^U = \eta^U \tilde{b}^U$，其中并且 $\eta^U=(1-\mu)(1-\sigma)+(1-\lambda)\sigma$ 并且 $\tilde{b}^U=(\xi^\theta+\tau^\theta)^{1/\theta}$。）考虑到 4.5 节中得出的 s 和 y 的最优选择，这意味着当且仅当 $z^P \geq z^U$ 时，$\prod^P \geq \prod^U$。换句话说，我们可以通过检查 z 在其中一个模式中是否更高，来检查在P模式或U模式中利润是否更高。

我们发现，当创新用户非常少时（σ 接近零），P模式的利润总是高于U模式的利润（$\prod^P > \prod^U$）。因此，当有非常少的创新用户时，企业会选择P模式。直觉是，从企业的角度来看，它们可以收获的用户创新溢出效应，以及开展支持用户创新的项目 x 所带来的好处是很少的。同时，坏处是相当大的，因为企业向少数创新者提供的信息和工具可以使创新用户开发出一种竞争性的设计，并在同行之间分享，从而抵消了生产商的大部分产品需求。这种损失的大小，以及切换到U模式的坏处，将取决于 λ 和 μ，即用户自我供应的能力 b。

随着创新用户份额的增加，利润在P模式中保持不变，而在U模式中则增加。当创新用户的份额大于阈值 σ^* 时，企业将从P模式转换到U模式，超过这个阈值，$\prod^P > \prod^U$。这在图B-1中得到了说明。

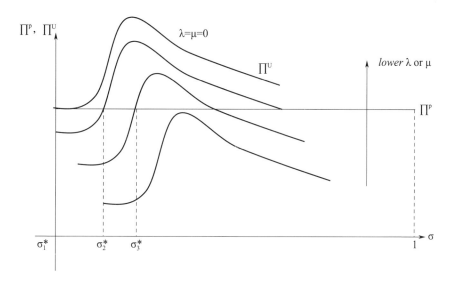

图 B-1

第一个条件与 λ 和 μ 有关。当用户的可竞争性非常弱时（如最上方的曲线所示，λ= μ =0），生产商可以无风险地转换到用户增强模式。在这条曲线上，当创新用户的份额为 σ =0 时，两种创新模式的利润是相等的。然后，随着 σ 的增加，U 模式在企业利润方面超过了 P 模式。直观地说，在这种情况下，企业可以从创新用户的贡献中获益，而不需要冒自我供应增加和随之而来的对企业产品需求减少的风险。当用户的可竞争性更加明显时（如第二和第三条曲线所示），我们看到切换到 U 模式的阈值 σ * 会向右移动——也就是说，生产者需要在市场上有更高的创新用户份额来选择 U 模式。如果溢出效应 λ 或 μ 非常大，如底部曲线所示，切换到 U 型模式将对企业永远没有吸引力。

转换发生的第二个必要条件是，用户和生产商的努力 T 和 Y 之间的互补性必须足够强。具体来说，θ <1（即 0< β < $\frac{1}{2}$ ）必须成立。换句话说，创新用户的贡献必须强大到足以引发 b 的显著增加，超过用户竞争性加强对利润

的负面影响；否则，企业将更愿意留在生产商模式中。

定理（模式的选择）。 如果创新用户的创新贡献是可观的（ $0 < \beta < \frac{1}{2}$ ），而且用户竞争性（ λ 和 μ ）不是太高，创新用户的临界质量（ $\sigma > \sigma^*$ ）使得利润最大化的企业更倾向于用户增强型的创新模式，而不是生产商模式。

证明。 略。

应该注意的是，虽然企业可能发现在阈值 σ^* 时转换到U模式是有利可图的，但在高的 σ 时，它们又可能切换回P模式。如上图所示， $\prod^U$ 达到最大值，然后下降，甚至有可能下降到 $\prod^P$ 线以下。这在较高的 λ 和 μ 水平上尤其可能（参见上图）。原因如下。根据我们对 $\lambda \geqslant \mu$ 的假设，创新用户比非创新用户更有能力自我供应，也就是说，他们表现出一种优越的外部选择，从而降低了对公司产品的需求。当创新用户的份额 σ 变得相当大时，这不仅意味着广泛的用户创新对企业的溢出效应，同时也意味着非创新用户的份额——那些从这些溢出效应中获益最多的用户，因为他们可以买到更好的产品——是很小的。有许多创新用户意味着有较低的需求，特别是如果 λ 很大的话。这就减弱了U模式的吸引力，并可能使企业宁愿转回P模式，因为在那里它们可以更好地把握需求。我们将把这个问题留给未来仔细研究，因为我们的核心目标是了解当创新用户的普遍性增加时，从生产商模式到用户增强模式的最初转换。

4.8　福利和政策

在最后一节中，我们考虑企业选择生产商模式下的"单干"或用户增强模式下的整合用户投入的福利影响。我们需要了解，从社会角度看，企业对模式的选择是否有效，如果无效，政策是否有可能改善经济结果。

对包括用户创新在内的社会福利的计算与标准的福利计算模式不同。传统上，社会福利的计算方式是利润（PS）加上消费者剩余（CS）。当创新的用户开发和建造一个新产品供自己使用时，福利的计算必须修改，以包括他们的全部成本和收益。特别是，我们需要考虑到他们的修补盈余（TS），这是所有用户从自我供应中获得的总净收益，如果他们选择这样做的话。举个例子，如果一个用户以10美元的成本自我供应一个新设计的产品，并获得30美元的货币化使用价值，那么她的修补盈余就等于20美元。回顾一下，修补的好处也可以以过程价值的形式累积（Franke和Schreier，2010；Raasch和von Hippel，2013），例如，或是享受学习创新过程本身，或享受在用户社区的社会地位。我们的模型对这些利益的构成是不可知的。它只假定它们不是基于利润的，这与用户创新者的定义是一致的。我们将在讨论部分进行这方面的概括。

考虑到这些因素，那么，包含用户和生产商创新者的市场的福利应该被计算为：

$$W = PS + CS + TS \tag{10}$$

其中PS和CS是标准的生产商和消费者剩余，TS是修补盈余。在传统的分析中，遗漏修补盈余有多大意义？答案取决于市场中用户自供的程度。如果许多用户自我提供（这在越来越多的市场中很常见，尤其是数字产品市场，参见Baldwin和von Hippel，2011），那么遗漏的程度可能会很严重。在某些情况下，它可能使传统的福利成分相形见绌。

在我们的模型中，用户创新者的修补盈余等于h，而对于非创新用户来说，它是$\mu' h$，这源于他们利用创新用户的点对点扩散的能力。计算生产商（总利润，PS）、非创新用户（消费者剩余CS^{nui}，加修补盈余TS^{nui}）和创新用户（CS^{ui}加修补盈余，TS^{ui}）所应得的福利成分，我们发现：

$$CS^{nui} + TS^{nui} = (1-\sigma)[(1-p+(1-\mu)b)^2/2 + \mu b + \mu' h]$$

$$CS^{ui} + TS^{ui} = \sigma[(1-p+(1-\lambda)b)^2/2 + \lambda b + h]$$

第一项是所有生产商的总利润。第二项是所有非创新用户的总盈余，计算来源于：

$$(1-\sigma)[\int_{p-(1-\mu)b}^{1}(v-p+b+\mu'h)dv+\int_{0}^{p-(1-\mu)b}\mu\, b+\mu\,'hdv]$$

第三项来源于：

$$\sigma\,[\int_{p-(1-\lambda)b}^{1}(v-p+b+h)dv+\int_{0}^{p-(1-\lambda)b}(\lambda b+h)dv]$$

这些表达方式将有所不同，取决于企业是选择U模式还是P模式。

我们对福利的分析产生了两个主要结果，我们将其总结为两个定理。

第一个定理指出，在$0<\beta<\frac{1}{2}$条件下，U模式下企业利润越高，意味着U模式下的福利（指社会福利）越高，但反之则不成立。也就是说，只要企业在U模式下的利润较高，福利就会一致；相反，当企业在P模式下的利润较高时，福利可能就不一致了。具体来说，市场中创新用户所占份额σ的水平会使P模式下的利润更高，但U模式下的福利更高。因此，如果转换的决定权属于生产商，正如我们所模拟的那样，即使创新用户的份额很大，生产商仍会留在P模式中，社会福利将在U模式中得到更好的满足。原因是企业没有将我们模型中的关键外部性内部化，即由于企业在用户支持方面的投资（x）给用户带来的修补盈余（h）的增加，以及企业为创新用户（λb）以及随后的非创新用户（μb）（即使他们不购买产品）提供的自我供应便利。

定理（福利）。 在模式选择定理的条件下。如果企业在用户增强模式下的利润更高，福利也会更高，但反之则不成立。

证明。 略。

我们的第二个结果是关于政策。我们表明，提高创新用户生产力的政策永远不会降低福利，前提是这种政策的成本不超过其收益。相反，提高企业内部研发生产力的政策可能会降低福利。

提高创新用户γ的政策的例子是对设计工具和创客空间的补贴。如果创新用户变得更有生产力，那么在U模式下，利润和福利都会增加，但在P模式下则不会，毕竟P模式并不利用用户的生产力。随着企业在U模式下的利润增加，它们可能会超过P模式下的利润。从前面的定理中我们知道，如果U模式下的利润更高，福利也会更高。

提高生产商研发生产力的政策包括研发补贴和免税以及公共资助的应用研发。企业研究生产率的提高 ξ 在P模式和U模式下都会提高利润。我们的研究表明，除非用户和生产商之间的互补性很高，否则 ξ 的增加会使P模式的利润比U模式的利润增加得更多。这意味着支持传统生产商研发的政策可能会诱使生产商转回P模式。由于P模式的福利有时较低，即使企业喜欢这种模式，但 ξ 的增加可能使P模式对企业更具吸引力，尽管U模式的福利较高。换句话说，ξ 的增加可能促使企业转向P模式，或者阻止企业转向U模式，从而增加福利。

总而言之，支持生产商创新生产力的政策可能会降低福利。其机制在于，这种政策鼓励企业采用封闭的生产商创新模式，而开放的用户增强模式可能会带来更高的福利。相比之下，支持用户创新生产力的政策永远不会减少福利。这是因为这些政策只能鼓励转向U模式，而这绝不会减少福利，因为只要企业偏好U模式，这种模式下的福利就更高。

定理（政策）。在模式选择定理的条件下，提高用户创新生产力（γ）的政策会鼓励企业采用用户增强模式，绝不会降低福利。相反，如果用户创新活动和生产商创新活动 T 和 Y 之间的互补性很弱（$\beta > \beta^*$，$\beta^* < \frac{1}{2}$），那么提高企业研究生产率（ξ）的政策会鼓励企业采用生产商创新模式，这可能会降低福利。

证明。略。

第 5 节和 5.1 节讨论

在本文中，我们分析了消费者的创新用户对创新市场的标准结果的影响。我们特别关注的是了解不断增加的用户创新日益普遍的影响（σ 从低水平上升），这在许多市场中都有发现。

我们的主要发现有三个。第一，当市场中创新用户的比例增加到一定阈值以上时，企业的利润最大化策略就会从传统的生产商创新模式转为利用用户创新者的创新模式。在与用户活动的创新和竞争影响有关的两个直观条件下，这种用户增强模式下的福利要高于传统的生产者主导的创新模式。所有的支持者——生产商、创新用户和非创新用户——都受益。

第二，任何选择转而整合创新用户的企业肯定都会增加社会福利；但企业通常转变得"太晚"了。因此，同时包含用户创新者和生产商创新者的市场在价值创造方面往往达不到理论上的最佳状态，因为从社会福利的角度来看，生产商接受用户创新的速度太慢。因此，生产商的最佳研发战略在社会层面上导致了用户和生产商之间创新劳动的次优分工。在这种低效率的背后，存在着生产商无法捕捉的外部性，例如，用户应得的"修补剩余"，这是社会福利的一个新组成部分。

第三，提高用户创新生产力的政策，鼓励企业转向用户增强型模式，永远不会减少社会福利。相比之下，提高企业研究生产率的政策鼓励企业转回传统的生产商创新模式，从而可能减少社会福利。

5.1 假设、研究结果的稳健性和可推广性

我们的模型基于几个假设，可以通过进一步的研究进行有益的调查。

首先，正如我们在本文开始时提到的，创新用户被定义为开发创新的个人或公司，以使用而不是出售为目的。在本文中，我们只关注个人用户

创新者。我们这样做是为了强调他们需求的可竞争性，并强调可竞争性可能发生在消费品市场。然而，后续研究可以开发一个类似的模型，重点关注或包括用户公司，例如，为自己使用而不是为销售而开发的工艺创新。

第二，我们注意到，在某些领域和市场中，某些类型的创新仅源于创新用户——就我们的模型而言，这种情况下 $s=1$。例如，在专门技术的开发方面，经常出现这种情况。生产商往往发现不可能以有利可图的方式开发和销售不受保护的技术，并倾向于将这一重要领域完全或几乎完全留给用户（Hienerth，2016）。在本文中，我们探讨了用户创新在包括生产商创新的市场中的重要性。然而，进一步的工作可以探索仅以用户创新为特征的市场的性质。

第三，为简单起见，我们的模型假设所有创新用户都能从生产商对用户创新支持的投资中受益，生产商能够观察到所有创新用户的努力，并能够获得任何有价值的溢出效应。实际情况显然不是这样——用户将受到不同的影响，生产商将无法观察或捕获用户产生的所有溢出效应。然而，如果我们的假设只适用于一部分用户，同样的建模逻辑和结果也适用。

第四，我们假设生产商可以选择投资水平以支持创新用户，从而使他们的利润最大化。在现实世界中，用户是独立的行为者，他们通常有能力"反击"生产商的计划和行动。他们也可以以生产商不期望的方式发起用户创新活动。在支持用户创新方面，投资没有按照生产商的利润最大化计划的一个例子是 Xara，一家专利软件公司。2006年，Xara 投资开放了 Xara Xtreme（一种矢量图形软件包）的大部分源代码，将其作为邀请用户创新的一种方式。但是，Xara 没有开放一小部分商业上关键的源代码。这一遗漏引起了用户程序员的抵制，最后，在失去创新用户的压力下，Xara 让步并开放了更多的代码（Willis，2007）。

后续的研究对解决上述情况是有价值的，也是有趣的。虽然在本文中，我们假设生产商单方面决定他们要在多大程度上支持和补充用户的创新活动，但我们可以考虑一种博弈，在这种博弈中，创新用户可以拥有决定用户支持程度（s）的权力，甚至可能拥有决定互补程度（β）的权力。我们预计，在这样的博弈中，当做出这两个决定的权力都在于创新用户时，他们会选择较生产商更高水平的用户支持和互补性。除非用户选择非常高的 s 水平，否则这应该会降低生产商的利润，但会增加整体福利。未来的研究可以进一步探讨这个问题，也可以考虑关于 s 和 β 的决策权在创新用户和生产商之间分配的情况。

第五，值得注意的是，在我们的模型中，用户创新者没有从生产商企业获得任何报酬。在现实世界中，成功的用户创新者有时会因为有价值的贡献而获得报酬（乐高和许多应用商店就是这样）。然而，正如芬兰的一项全国性调查显示，创新的用户通常会免费地展示他们的创新；我们的无偿假设是基于这种情况（de Jong 等人，2015）。在一个不同的模型中，我们的变量 x 可以被看作是企业的用户使用费成本，并可以探讨其对市场结果的影响。

第六，我们将生产商对用户创新的支持模拟为增加用户希望花在有利于生产商的活动上的时间（或更广泛的资源）。贡献的游戏化和用户社区的建立就是这样的例子。然而，也可以想象，生产商的支持，例如，以更好的工具的形式，将使用户在创新的同时节约时间。这样的生产商支持可以吸引更多的用户做出贡献，即那些以前不是创新者的用户。这将使市场中用户创新者的份额 σ 内生化，在我们的模型中我们把它看作是外生的。在未来的研究中，探索这个扩展模型的结果将是有趣的，特别是在生产商策略 β 的最佳选择方面。

最后，我们的模型平等地对待所有生产商，让他们都选择用户替代或用户补充的创新策略。未来的研究可以从这个限制性的假设中进行有效的概括。在现实世界中，我们观察到两种类型的生产商共存的情况。我们认为，一个关键的原因是，为利用用户创造的创新溢出效应而重新组织和调整研发结构可能是相当昂贵的。因此，具有以生产商为中心的创新传统的老牌企业会对转换犹豫不决，而没有对传统模式做出承诺的新进入者可能会发现，选择用户增强的创新模式在经济上更可行。这种限制和转换成本可以有效地分析它们对战略异质性以及公司和市场层面结果的影响。例如，在用户创新者份额不断增加的市场中，我们应该观察到，在组织研发方面更灵活的新进入者和在位者更有利可图。

参 考 文 献

Acemoglu, D., and J. Linn. 2004. Market size in innovation: Theory and evidence from the pharmaceutical industry. *Quarterly Journal of Economics* 119 (3): 1049–1090.

Adner, R., and R. Kapoor. 2010. Value creation in innovation ecosystems: How the structure of technological interdependence affects firm performance in new technology generations. *Strategic Management Journal* 31 (3): 306–333.

Afuah, A., and C. L. Tucci. 2012. Crowdsourcing as a solution to distant search. A*cademy of Management Review* 37 (3): 355–375.

Agerfalk, P. J., and B. Fitzgerald. 2008. Outsourcing to an unknown workforce: exploring opensourcing as a global sourcing strategy. *Management Information Systems Quarterly* 32 (2): 385–410.

Akgn, A. E., H. Keskin, and J. C. Byrne. 2010. Procedural justice climate in new product development teams: Antecedents and consequences. *Journal of Product Innovation Management* 27 (7): 1096–1111.

Alchian, A. A., and H. Demsetz. 1972. Production, information costs, and economic organization. *American Economic Review* 62 (5): 777–795.

Allen, R. C. 1983. Collective invention. *Journal of Economic Behavior & Organization* 4 (1): 1–24.

Amabile, T. M., R. Conti, H. Coon, J. Lazenby, and M. Herron. 1996. Assessing the work environment for creativity. *Academy of Management Journal* 39 (5): 1154–1184.

Antorini, Y. M., A. M. J. Muiz, and T. Askildsen. 2012. Collaborating with customer communities: Lessons from the Lego Group. *Sloan Management Review* 53 (3): 73–79.

Aoki, M. 2001. *Toward a Comparative Institutional Analysis*. MIT Press.

Arai, Y., and S. Kinukawa. 2014. Copyright infringement as user innovation. *Journal of Cultural Economics* 38 (2): 131–144.

Arora, A., W. M. Cohen, and J. P. Walsh. 2015. The Acquisition and Commercialization of Invention in American Manufacturing: Incidence and Impact. Working paper 20264, National Bureau of Economic Research (NBER), June 2014 (revised September 2015), Cambridge MA. Accessed January 27, 2016. http://www.nber.org/papers/w20264.

Arora, A., A. Fosfuri, and A. Gambardella. 2001. Markets for technology and their implications for corporate strategy. *Industrial and Corporate Change* 10 (2): 419–451.

Arrow, K. J. 1962. Economic welfare and the allocation of resources for invention. In *The Rate and Direction of Inventive Activity: Economic and Social Factors*, ed. R. R. Nelson. Princeton University Press.

Arrow, K. J. 1974. *The Limits of Organization*. Norton.

Baker, W. E., and N. Bulkley. 2014. Paying it forward or rewarding reputation: Mechanisms of generalized reciprocity. *Organization Science* 25 (5): 1493–1510.

Baldwin, C. Y. 2008. Where do transactions come from? Modularity, transactions and the boundaries of firms. *Industrial and Corporate Change* 17 (1): 155–195.

Baldwin, C. Y. 2010. When Open Architecture Beats Closed: The Entrepreneurial Use of Architectural Knowledge. Working paper 10–063, Harvard Business School.

Baldwin, C. Y. 2015. Bottlenecks, Modules and Dynamic Architectural Capabilities. Finance working paper 15–028, Harvard Business School.

Baldwin, C. Y., and K. B. Clark. 2000. Design Rules, volume 1: *The Power of Modularity*. MIT Press.

Baldwin, C. Y., and K. B. Clark. 2006a. Between "knowledge" and the "economy": Notes on the scientific study of designs. In *Advancing Knowledge and the Knowledge Economy*, ed. Brian Kahin and Dominique Foray. MIT Press.

Baldwin, C. Y., and K. B. Clark. 2006b. The architecture of participation: Does code architecture mitigate free riding in the open source development model? *Management*

Science 52 (7)： 1116–1127.

Baldwin, C. Y., and J. Henkel. 2015. Modularity and intellectual property protection. *Strategic Management Journal* 36 (11)： 1637–1655.

Baldwin, C. Y., and E. von Hippel. 2011. Modeling a paradigm shift： From producer innovation to user and open collaborative innovation. *Organization Science* 22 (6)： 1399–1417.

Baldwin, C. Y., C. Hienerth, and E. von Hippel. 2006. How user innovations become commercial products： A theoretical investigation and case study. *Research Policy* 35 (9)： 1291–1313.

Barnes, B., and D. R. Ulin. 1984. Liability for new products. *Journal of the American Water Works Association* 76 (2)： 44–47.

Barnouw, E. 1966. *A Tower in Babel： A History of Broadcasting in the United States to 1933*. Oxford University Press.

Barrick, M. R., and K. M. Mount. 1991. The big five personality dimensions and job performance： A meta–analysis. *Personnel Psychology* 44 (1)： 1–26.

Barrick, M. R., M. K. Mount, and T. A. Judge. 2001. Personality and performance at the beginning of the new millennium： What do we know and where do we go next? *International Journal of Selection and Assessment* 9 (1–2)： 9–30.

Bator, F. M. 1958. The anatomy of market failure. *Quarterly Journal of Economics* 72 (3)： 351–379.

Bauer, J., N. Franke, and P. Tuertscher. 2015. IP Norms in Online Communities： How User–Organized Intellectual Property Regulation Supports Innovation. Available at SSRN： http： //ssrn.com/abstract=2718077.

Baumol, W. J. 2002. *The Free-Market Innovation Machine： Analyzing the Growth Miracle of Capitalism*. Princeton University Press.

Bayus, B. L. 2013. Crowdsourcing new product ideas over time： An analysis of the Dell Idea Storm community. *Management Science* 59 (1)： 226–244.

BEA (Bureau of Economic Analysis, U.S. Department of Commerce) . 2016. Survey of Current Business Online 96, no. 1. Accessed January 31, 2016. http： //www.bea.gov/

scb/pdf/2015/12%20December/1215_gdp_and_the_economy .pdf.

Benkler, Y. 2002. Coase's penguin, or, Linux and "the nature of the firm." *Yale Law Journal* 112（3）: 369–447.

Benkler, Y. 2004. Sharing nicely: On shareable goods and the emergence of sharing as a modality of economic production. *Yale Law Journal* 114（2）: 273–358.

Benkler, Y. 2006. *The Wealth of Networks: How Social Production Transforms Markets and Freedom*. Yale University Press.

Benkler, Y. 2016. When von Hippel innovation met the networked environment: Recognizing decentralized innovation. In *Revolutionizing Innovation: Users, Communities, and Open Innovation*, ed. Dietmar Harhoff and Karim R. Lakhani. MIT Press.

Bessen, J., and E. Maskin. 2009. Sequential innovation, patents, and imitation. *RAND Journal of Economics* 40（4）: 611–635.

Bin, G. 2013. A reasoned action perspective of user innovation: Model and empirical test. *Industrial Marketing Management* 42（4）: 608–619.

Blaxill, M., and R. Eckhardt. 2009. The Invisible Edge: Taking Your Strategy to the Next Level Using Intellectual Property. Portfolio.

Boudreau, K. J., and L. B. Jeppesen. 2015. Unpaid crowd complementors: The platform network effect mirage. *Strategic Management Journal* 36（12）: 1761–1777.

Boudreau, K. J., N. Lacetera, and K. R. Lakhani. 2011. Incentives and problem uncertainty in innovation contests: An empirical analysis. *Management Science* 57（5）: 843–863.

Boyle, J. 1997. A politics of intellectual property: Environmentalism for the Net? *Duke Law Journal* 47（1）: 87–116.

Braun, V., and C. Herstatt. 2008. The freedom fighters: How incumbent corporations are attempting to control user–innovation. *International Journal of Innovation Management* 12（3）: 543–572.

Braun, V., and C. Herstatt. 2009. *User-Innovation: Barriers to Democratization and IP Licensing*. Routledge.

Brynjolfsson, E., and J. H. Oh. 2012. The attention economy: Measuring the value of free goods on the Internet. Paper presented at the 33rd International Conference on Information Systems, 2012 Proceedings, Orlando. Accessed January 29, 2016. http：// aisel.aisnet.org/icis2012/proceedings/Economics Value/9/.

Buenstorf, G. 2003. Designing clunkers：Demand-side innovation and the early history of the mountain bike. In *Change, Transformation and Development*, ed. J. S. Metcalfe and U. Cantner. Springer.

Burda, M. C., D. S. Hamermesh, and P. Weil. 2007. Total Work, Gender and Social Norms. Discussion paper 2705, Institute for the Study of Labor, Bonn, Germany.

Bush, V. 1945. *Science：The Endless Frontier. A Report to the President by Vannevar Bush, Director of the Office of Scientific Research and Development, July 1945*. United States Government Printing Office. Accessed May 16, 2015. http：//www.nsf.gov/ about/history/vbush1945.htm.

Casadesus-Masanell, R., and P. Ghemawat. 2006. Dynamic mixed duopoly：A model motivated by Linux vs. Windows. *Management Science* 52（7）：1072–1084.

Castle Smurfenstein. 2016. *"Official" Castle Smurfenstein Home Page*. Accessed January 25, 2015. https：//www.evl.uic.edu/aej/smurf.html.

Chafee, Z., Jr. 1919. Freedom of speech in war time. *Harvard Law Review* 32（8）：932–973.

Chamberlain, E. H. 1962. *The Theory of Monopolistic Competition：A Re-orientation of the Theory of Value,* eighth edition. Harvard University Press.

Chandler, A. D., Jr. 1977. *The Visible Hand：The Managerial Revolution in American Business*. Harvard University Press.

Chesbrough, H. W. 2003. *Open Innovation：The New Imperative for Creating and Profiting from Technology*. Harvard Business School Press.

Clean Water Act. 1972. Federal Water Pollution Control Act Amendments of 1972, Public Law 92–500, *U.S. Statutes at Large* 86（1972）：1251–1387, codified as amended at 33 U.S.C. § 1251 et seq., 1972.

Colombo, M. G., E. Piva, and C. Rossi-Lamastra. 2013. Authorising employees to collaborate with communities during working hours：When is it valuable for firms?

Long Range Planning 46（3）：236–257.

Committee for Orphan Medicinal Products and European Medicines Agency Scientific Secretariat. 2011. European regulation on orphan medicinal products：10 years of experience and future perspectives. *Nature Reviews Drug Discovery* 10（5）：341–349.

Constitution of the United States of America, As Amended. 2007. United States Government Printing Office.

Cooley, T. M. 1879. *A Treatise on the Law of Torts, or the Wrongs Which Arise Independently of Contract*. Callaghan.

Cooper, S., F. Khatib, A. Treuille, J. Barbero, J. Lee, M. Beenen, A. Leaver–Fay, D. Baker, Z. Popovic, and [57,000] Foldit players. 2010. Predicting protein structures with a multiplayer online game. *Nature* 466（5）：756–760.

Costa, P. T., and R. R. Mc Crae. 1988. Personality in adulthood：A six–year longitudinal study of self–reports and spouse ratings on the NEO Personality Inventory. *Journal of Personality and Social Psychology* 54（5）：853–863.

Costa, P. T., and R. R. Mc Crae. 1992. *Revised Neo Personality Inventory（NEO-PI-R）and NEO Five-Factor Inventory（NEO-FFI）*. Orlando：Psychological Assessment Resources.

Costa, P. T., and R. R. Mc Crae. 1995. Solid ground in the wetlands of personality：A reply to Block. *Psychological Bulletin* 117（2）：216–220.

Cova, B., and T. White. 2010. Counter–brand and alter–brand communities：The impact of Web 2.0 on trial marketing approaches. *Journal of Marketing Management* 26（3–4）：256–270.

Cowen, T., ed. 1988. *Public Goods and Market Failures：A Critical Examination*. George Mason University Press.

Crespi, G., C. Criscuolo, J. Haskel, and D. Hawkes. 2006. Measuring and understanding productivity in UK market services. *Oxford Review of Economic Policy* 22（4）：560–572.

Dahl, T. E., and G. J. Allord. 1997. History of Wetlands in the Coterminous United States. Paper 2425, U.S. Geological Survey Water Supply. Accessed January 31, 2016. http：//

water.usgs.gov/nwsum/WSP2425/history.html.

Dahl, D. W., C. Fuchs, and M. Schreier. 2015. Why and when consumers prefer products of user-driven firms: A social identification account. *Management Science* 61 (8): 1978–1988.

Dahlander, L. 2007. Penguin in a new suit: A tale of how *de novo* entrants emerged to harness free and open source software communities. *Industrial and Corporate Change* 16 (5): 913–943.

Dahlander, L., and M. W. Wallin. 2006. A man on the inside: Unlocking communities as complementary assets. *Research Policy* 35 (8): 1243–1259.

de Bruijn, E. 2010. On the viability of the Open Source Development model for the design of physical objects: Lessons learned from the Rep Rap project. Master of Science thesis, Tilburg University, Netherlands.

de Jong, J. P. J. 2013. User innovation by Canadian consumers: Analysis of a sample of 2,021 respondents. Unpublished paper commissioned by Industry Canada.

de Jong, J. P. J. 2015. Private communication with author.

de Jong, J. P. J. 2016, forthcoming. Surveying innovation in samples of individual end consumers. *European Journal of Innovation Management*. Available at SSRN: http: // ssrn.com/abstract=2089422.

de Jong, J. P. J., and E. de Bruijn. 2013. Innovation lessons from 3-D printing. *Sloan Management Review* 54 (2): 42–52.

de Jong, J. P. J., E. von Hippel, F. Gault, J. Kuusisto, and C. Raasch. 2015. Market failure in the diffusion of consumer-developed innovations: Patterns in Finland. *Research Policy* 44 (10): 1856–1865.

Delfanti, A. 2012. Tweaking genes in your garage: Biohacking between activism and entrepreneurship. In *Activist Media and Biopolitics: Critical Media Interventions in the Age of Biopower*, ed. Wolfgang Stzl and Theo Hug. Innsbruck University Press.

DeMonaco, H., A. Ali, and E. von Hippel. 2006. The major role of clinicians in the discovery of off-label drug therapies. *Pharmacotherapy* 26 (3): 323–332.

Demsetz, H. 1988. The theory of the firm revisited. *Journal of Law, Economics, &*

Organization 4 (1)：141–161.

Di Gangi, P. M., and M. Wasko. 2009. Steal my idea! Organizational adoption of free innovations from a free innovation community：A case study of Dell Idea Storm. *Decision Support Systems* 48 (1)：303–312.

DMCA. 1998. *Digital Millennium Copyright Act of 1998*, Public Law 105–304. United States Statutes at Large 112：2860.

Dosi, G., and R. R. Nelson. 2010. Technical change and industrial dynamics as evolutionary processes. In *Handbook of the Economics of Innovation*, volume 1, ed. Bronwyn H. Hall and Nathan Rosenberg. North–Holland.

Dosi, G., L. Marengo, and C. Pasquali. 2006. How much should society fuel the greed of innovators? On the relations between appropriability, opportunities and rates of innovation. *Research Policy* 35 (8)：1110–1121.

Double Blinded. 2016. Double Blinded：Placebo–controlled experiment kits for your supplements. Accessed March 30, 2016. http：//doubleblinded.com/.

Economides, N., and E. Katsamakas. 2006. Two–sided competition of proprietary vs. open source technology platforms and the implications for the software industry. *Management Science* 52 (7)：1057–1071.

Edwards, K. 1990. The interplay of affect and cognition in attitude formation and change. *Journal of Personality and Social Psychology* 59 (2)：202–216.

Electronic Frontier Foundation. 2013. Unintended consequences：Fifteen years under the DMCA. Accessed March 15, 2016. https：//www.eff.org/pages/unintended-consequences–fifteen–years–under–dmca.

Ensley, M. D., and K. M. Hmieleski. 2005. A comparative study of new venture top management team composition, dynamics and performance between university–based and independent start–ups. *Research Policy* 34 (7)：1091–1105.

Executive Order 12,291 of February 17, 1981. Federal Regulation. *Federal Register* 46 (33)：13193–13198. Accessed January 29, 2016. http：//www.archives.gov/federal-register/codification/executive–order/12291.html.

Executive Order 13563 of January 18, 2011. Improving Regulation and Regulatory Review.

Federal Register 76（14）: 3821–3823. https: //www.gpo.gov/fdsys/pkg/FR-2011-01-21/pdf/2011-1385.pdf. Accessed January 31, 2016.

Fama, E. F., and M. C. Jensen. 1983a. Separation of ownership and control. *Journal of Law & Economics* 26（2）: 301–325.

Fama, E. F., and M. C. Jensen. 1983b. Agency problems and residual claims. *Journal of Law & Economics* 26（2）: 327–349.

Fauchart, E., and M. Gruber. 2011. Darwinians, communitarians, and missionaries: The role of founder identity in entrepreneurship. *Academy of Management Journal* 54（5）: 935–957.

Fauchart, E., and E. von Hippel. 2008. Norms-based intellectual property systems: The case of French chefs. *Organization Science* 19（2）: 187–201.

Faullant, R., J. Fller, and K. Hutter. 2013. Fair play: Perceived fairness in crowdsourcing communities and its behavioral consequences. *Academy of Management Proceedings* 2013, no.1, Meeting Abstract Supplement 15433.

FCC. 2015. White Space Data Administration. Accessed December 14, 2015. http: //www.fcc.gov/topic/white-space.

Feist, G. J. 1998. A meta-analysis of personality in scientific and artistic creativity. *Personality and Social Psychology Review* 2（4）: 290–309.

Fisher, W. W., III. 2010. The implications for law of user innovation. *Minnesota Law Review* 94（May）: 1417–1477.

Fitzsimmons, J. A., and M. J. Fitzsimmons. 2001. *Service Management: Operations, Strategy, and Information Technology*. Mc Graw-Hill.

Franke, N., and F. Piller. 2004. Value creation by toolkits for user innovation and design: The case of the watch market. *Journal of Product Innovation Management* 21（6）: 401–415.

Franke, N., and M. Schreier. 2010. Why customers value self-designed products: The importance of process effort and enjoyment. *Journal of Product Innovation Management* 27（7）: 1020–1031.

Franke, N., and S. Shah. 2003. How communities support innovative activities: An exploration of assistance and sharing among end–users. *Research Policy* 32（1）: 157–178.

Franke, N., and E. von Hippel. 2003. Satisfying heterogeneous user needs via innovation toolkits: The case of Apache security software. *Research Policy* 32（7）: 1199–1215.

Franke, N., P. Keinz, and K. Klausberger. 2013. "Does this sound like a fair deal?" Antecedents and consequences of fairness expectations in the individual's decision to participate in firm innovation. *Organization Science* 24（5）: 1495–1516.

Franke, N., H. Reisinger, and D. Hoppe. 2009. Remaining within–cluster variance: A metaanalysis of the "dark side of clustering methods." *Journal of Marketing Management* 25（3–4）: 273–293.

Franke, N., E. von Hippel, and M. Schreier. 2006. Finding commercially attractive user innovations: A test of lead–user theory. *Journal of Product Innovation Management* 23（4）: 301–315.

Franklin, B. 1793; 2008. *The Autobiography of Benjamin Franklin 1706–1757*. Applewood Books. Originally published 1793.

Frey, K., C. Lthje, and S. Haag. 2011. Whom should firms attract to open innovation platforms? The role of knowledge diversity and motivation. *Long Range Planning* 44（5–6）: 397–420.

Fuchs, C., and M. Schreier. 2011. Customer empowerment in new product development. *Journal of Product Innovation Management* 28（1）: 7–32.

Fuchs, C., E. Prandelli, and M. Schreier. 2010. The psychological effects of empowerment on consumer product demand. *Journal of Marketing* 74（1）: 65–79.

Fller, J. 2010. Refining virtual co–creation from a consumer perspective. *California Management Review* 52（2）: 98–122.

Fller, J., K. Hutter, and R. Faullant. 2011. Why co–creation experience matters? Creative experience and its impact on the quantity and quality of creative contributions. *R & D Management* 41（3）: 259–273.

Fller, J., R. Schroll, and E. von Hippel. 2013. User generated brands and their contribution to the diffusion of user innovations. *Research Policy* 42（6–7）: 1197–1209.

Fullerton, T. 2008. *Game Design Workshop: A Playcentric Approach to Creating Innovative Games*. Morgan Kaufmann.

Gallini, N., and S. Scotchmer. 2002. *Intellectual property: When is it the best incentive system? In Innovation Policy and the Economy*, volume 2, ed. Adam B. Jaffe, Josh Lerner, and Scott Stern. MIT Press.

Gambardella, A., C. Raasch, and E. von Hippel. 2016, forthcoming. The user innovation paradigm: Impacts on markets and welfare. *Management Science*.

Gault, F. 2012. User innovation and the market. *Science & Public Policy* 39 (1): 118–128.

Gault, F. 2015. Measuring Innovation in All Sectors of the Economy. Working paper 2015–038, United Nations University and MERIT, Maastricht.

Gee, J. P. 2003. *What Video Games Have to Teach Us About Learning and Literacy*. Palgrave MacMillan.

George, J. M., and J. Zhou. 2001. When openness to experience and conscientiousness are related to creative behavior: An interactional approach. *Journal of Applied Psychology* 86 (3): 513–524.

Ghosh, R. A. 1998. Cooking pot markets: An economic model for the free trade of goods and services on the internet. *First Monday* 3 (3) . Accessed January 15, 2016. http: // firstmonday.org/ojs/index.php/fm/article/view Article/1516.

Gobet, F., and H. A. Simon. 1998. Expert chess memory: Revisiting the chunking hypothesis. *Memory* 6 (3): 225–255.

Godin, B. 2006. The linear model of innovation: The historical construction of an analytical framework. *Science, Technology & Human Values* 31 (6): 639–667.

Goldberg, L. R. 1993. The structure of phenotypic personality traits. *American Psychologist* 48 (1): 26–34.

Goodman, L. A. 1961. Snowball sampling. *Annals of Mathematical Statistics* 32 (1): 117–151.

Goodman, P. S., R. Devadas, and T. L. Griffith Hughson. 1988. Analyzing the effectiveness of self-managing teams. In *Productivity in Organizations: New Perspectives from Industrial and Organizational Psychology*, ed. John P. Campbell and Richard J.

Campbell. Jossey–Bass.

Green, P. E. 1977. A new approach to market segmentation. *Business Horizons* 20（1）: 61–73.

Greenberg, A. 2013. Evasion is the most popular jailbreak ever: Nearly seven million iOS devices hacked in four days. *Fortune*, February 8. Accessed January 11, 2016. http://www.forbes.com/sites/andygreenberg/2013/02/08/evasi0n–is–the–most–popular–jailbreak–ever–nearly–seven–million–ios–devices–hacked–in –four–days/.

Greif, A. 2006. *Institutions and the Path to the Modern Economy*: *Lessons from Medieval Trade*. Cambridge University Press.

Griggs, R. C., M. Batshaw, M. Dunkle, R. Gopal–Srivastava, E. Kaye, J. Krischer, T. Nguyen, K. Paulus, and P. A. Merkel. 2009. Clinical research for rare disease: Opportunities, challenges, and solutions. *Molecular Genetics and Metabolism* 96（1）: 20–26.

Guba, E. G., and Y. S. Lincoln. 1994. Competing paradigms in qualitative research. In *Handbook of qualitative research*, ed. Norman K. Denzin and Yvonne S. Lincoln. SAGE.

Habicht, H., P. Oliveira, and V. Shcherbatiuk. 2012. User innovators: When patients set out to help themselves and end up helping many. *Die Unternehmung*: *Swiss Journal of Business Research and Practice* 66（3）: 277–295.

Halbinger, M. 2016. The role of intrinsic and extrinsic motivation in entrepreneurial activity. Unpublished paper, Zicklin School of Business, Baruch College, CUNY.

Hall, B., and D. Harhoff. 2004. Post–grant reviews in the U.S. patent system – Design choices and expected impact. *Berkeley Technology Law Journal* 19（3）: 989–1015.

Harhoff, D. 1996. Strategic spillovers and incentives for research and development. *Management Science* 42（6）: 907–925.

Harhoff, D., and K. R. Lakhani, eds. 2016. *Revolutionizing Innovation*: *Users, Communities, and Open Innovation*. MIT Press.

Harhoff, D., and P. Mayrhofer. 2010. Managing user communities and hybrid innovation processes: Concepts and design implications. *Organizational Dynamics* 39（2）: 137–

144.

Harhoff, D., J. Henkel, and E. von Hippel. 2003. Profiting from voluntary information spillovers: How users benefit by freely revealing their innovations. *Research Policy* 32 (10): 1753–1769.

Harris, R. 2012. A building code with room for innovation. *New York Times*, October 5, 2012. Accessed January 28, 2016. http: //green.blogs.nytimes.com/2012/10/05/ a–building–code–with–room–for–innovation/.

Hars, A., and S. Ou. 2002. Working for free? Motivations for participating in open–source projects. *International Journal of Electronic Commerce* 6 (3): 25–39.

Hart, O. 1995. *Firms, Contracts, and Financial Structure.* Oxford University Press.

Hemenway, K., and T. Calishain. 2004. *Spidering Hacks: 100 Industrial-Strength Tips and Tools.* O'Reilly.

Henkel, J. 2009. Champions of revealing: The role of open source developers in commercial firms. *Industrial and Corporate Change* 18 (3): 435–471.

Henkel, J., and E. von Hippel. 2004. Welfare implications of user innovation. *Journal of Technology Transfer* 30 (1): 73–87.

Henkel, J., C. Y. Baldwin, and W. C. Shih. 2013. IP modularity: Profiting from innovation by aligning product architecture with intellectual property. *California Management Review* 55 (4): 65–82.

Hertel, G., S. Niedner, and S. Herrmann. 2003. Motivation of software developers in Open Source projects: an Internet–based survey of contributors to the Linux kernel. *Research Policy* 32 (7): 1159–1177.

Hienerth, C. 2006. The commercialization of user innovations: The development of the rodeo kayaking industry. *R & D Management* 36 (3): 273–294.

Hienerth, C. 2016. Technique innovation. In *Revolutionizing Innovation: Users, Communities, and Open Innovation*, ed. Dietmar Harhoff and Karim R. Lakhani. MIT Press.

Hienerth, C., C. Lettl, and P. Keinz. 2014. Synergies among producer firms, lead users, and user communities: The case of the Lego producer–user ecosystem. *Journal of Product*

Innovation Management 31（4）：848–866.

Hienerth, C., E. von Hippel, and M. B. Jensen. 2014. User community vs. producer innovation development efficiency: A first empirical study. *Research Policy* 43（1）：190–201.

Hill, B. M., and A. Shaw. 2014. Consider the redirect: A missing dimension of Wikipedia research. In *Open Sym'14: Proceedings of The International Symposium on Open Collaboration*, August 27–29, Berlin. Accessed January 28, 2016. https: //mako.cc/academic/hill_shaw−consider_the_redirect.pdf.

Hounshell, D. A. 1984. *From the American System to Mass Production, 1800–1932: The Development of Manufacturing Technology in the United States*. Johns Hopkins University Press.

Howe, J. 2006. The rise of crowdsourcing. *Wired*, June 1, 2006. Accessed January 29, 2016. http: //www.wired.com/2006/06/crowds/.

Hyysalo, S. 2009. User innovation and everyday practices: Micro−innovation in sports industry development. *R & D Management* 39（3）：247–258.

Hyysalo, S., and S. Usenyuk. 2015. The user dominated technology era: Dynamics of dispersed peer−innovation. *Research Policy* 44（3）：560–576.

IBC. 2009. 2009 International Building Code, International Code Council, Section [A]104.11: Alternate Materials, Design and Methods of Construction. As referenced in Utah Administrative Code R156–56. Building Inspector and Factory Built Housing Act Rule. Accessed January 31, 2016. https: //law.resource .org/pub/us/code/ibr/icc.ibc.2009.pdf and http: //www.rules.utah.gov/publicat/code/r156/r156–56.htm.

Ironmonger, D. 2000. Household production and the household economy. Research paper, University of Melbourne, Department of Economics. Accessed January 29, 2016. http://fbe.unimelb.edu.au/__data/assets/pdf_file/ 0009/805995/759.pdf.

Jacobides, M. G. 2005. Industry change through vertical disintegration: How and why markets emerged in mortgage banking. *Academy of Management Journal* 48（3）：465–498.

Jefferson, T. 1819. III.28 To Isaac H. Tiffany, Monticello, April 4, 1819 [Letter from

Thomas Jefferson to Isaac H. Tiffany]. In *Jefferson: Political Writings*, ed. Joyce Appleby and Terence Ball. Cambridge University Press, 1999.

Jenkins, H. 2008. *Convergence Culture: Where Old and New Media Collide*. New York University Press.

Jenkins, H., S. Ford, and J. Green. 2013. *Spreadable Media: Creating Value and Meaning in a Networked Culture*. New York University Press.

Jensen, M. C., and W. H. Meckling. 1994. The nature of man. *Journal of Applied Corporate Finance* 7 (2): 4–19.

Jeppesen, L. B. 2004. Profiting from innovative user communities: How firms organize the production of user modifications in the computer games industry. Working paper WP–04, Department of Industrial Economics and Strategy, Copenhagen Business School.

Jeppesen, L. B., and L. Frederiksen. 2006. Why do users contribute to firmhosted user communities? The case of computer–controlled music instruments. *Organization Science* 17 (1): 45–63.

Jeppesen, L. B., and K. R. Lakhani. 2010. Marginality and problem solving effectiveness in broadcast search. *Organization Science* 21 (5): 1016–1033.

Joshi, A., L. E. Davis, and P. W. Palmberg. 1975. Electron spectroscopy. In *Methods of Surface Analysis*, ed. A. W. Czanderna. Elsevier.

Judge, T. A., J. E. Bono, R. Ilies, and M. W. Gerhardt. 2002. Personality and leadership: A qualitative and quantitative review. *Journal of Applied Psychology* 87 (4): 765–781.

Keller, K. L. 1993. Conceptualizing, measuring, and managing customer–based brand equity. *Journal of Marketing* 57 (1): 1–22.

Kharpal, A. 2014. Ikea "crushes" blogger in trademark spat. Accessed January 29, 2016. http://www.cnbc.com/2014/06/19/ikea–crushes–blogger–in–trademark–spat.html.

Kim, Y. 2015. Consumer user innovation in Korea: An international comparison and policy implications. *Asian Journal of Technology Innovation* 23 (1): 69–86.

King, A., and G. Verona. 2014. Kitchen confidential? Norms for the use of transferred knowledge in gourmet cuisine. *Strategic Management Journal* 35 (11): 1645–1670.

Kline, S. J., and N. Rosenberg. 1986. An overview of innovation. In *The Positive Sum*

Strategy: Harnessing Technology for Economic Growth, ed. Ralph Landau and Nathan Rosenberg. National Academies Press.

Kogut, B., and A. Metiu. 2001. Open-source software development and distributed innovation. *Oxford Review of Economic Policy* 17 (2): 248–264.

Kohler, T., J. Füller, K. Matzler, and D. Stieger. 2011. Co-creation in virtual worlds: The design of the user experience. *Management Information Systems Quarterly* 35 (3): 773–788.

Kotler, P. T. 1997. *Marketing Management: Analysis, Planning, Implementation, Control*, ninth edition. Prentice-Hall.

Kristof, A. L. 1996. Person-organization fit: An integrative review of its conceptualizations, measurement, and implications. *Personnel Psychology* 49 (1): 1–49.

Krugman, P., and R. Wells. 2006. *Economics*. Worth.

Kuan, J. W. 2001. Open source software as consumer integration into production. Unpublished paper, Haas School of Business, University of California Berkeley. Accessed January 30, 2016. http: //papers.com/sol3/papers.cfm?abstract_id=259648.

Kuhn, T. S. 1962; 1970. *The Structure of Scientific Revolutions*, second edition, enlarged. University of Chicago Press.

Kuusisto, J., M. Niemi, and F. Gault. 2014. User innovators and their influence on innovation activities of firms in Finland. Working paper 2014–003, United Nations University-MERIT, Maastricht.

Ladd, J. 1957. *The Structure of a Moral Code: A Philosophical Analysis of Ethical Discourse Applied to the Ethics of the Navaho Indians*. Harvard University Press.

Lader, D., S. Short, and J. Gershuny. 2006. *The Time Use Survey, 2005: How We Spend Our Time*. Office for National Statistics, London.

Lafontaine, F., and M. Slade. 2007. Vertical integration and firm boundaries: The evidence. *Journal of Economic Literature* 45 (3): 629–685.

Lakhani, K., and E. von Hippel. 2003. How open source software works: "free" user-to-user assistance. *Research Policy* 32 (6): 923–943.

Lakhani, K. R., and R. G. Wolf. 2005. Why hackers do what they do: Understanding motivation and effort in free/open source software projects. In *Perspectives on Free and Open Source Software*, ed. Joseph Feller, Brian Fitzgerald, Scott A. Hissam, and Karim R. Lakhani. MIT Press.

Lakhani, K., L. B. Jeppesen, P. A. Lohse, and J. A. Panetta. 2007. The Value of Openness in Scientific Problem Solving. Working paper 07–050, Harvard Business School.

Langlois, R. N. 1986. Rationality, institutions and explanation. In *Economics as a Process：Essays in the New Institutional Economics*, ed. Richard N. Langlois. Cambridge University Press.

Larkin, J., J. McDermott, D. P. Simon, and H. A. Simon. 1980. Expert and novice performance in solving physics problems. *Science* 208（4450）：1335–1342.

Lehner, O. M. 2013. Crowdfunding social ventures：A model and research agenda. *Venture Capital：An International Journal of Entrepreneurial Finance* 15（4）：289–311.

LePine, J. A., and L. Van Dyne. 2001. Voice and cooperative behavior as contrasting forms of contextual performance：Evidence of differential relationships with big five personality characteristics and cognitive ability. *Journal of Applied Psychology* 86（2）：326–336.

Lerner, J., and J. Tirole. 2002. Some simple economics of open source. *Journal of Industrial Economics* 50（2）：197–234.

Lettl, C., C. Herstatt, and H. G. Gemuenden. 2006. Users' contributions to radical innovation：Evidence from four cases in the field of medical equipment technology. *R & D Management* 36（3）：251–272.

Levy, S. 2010. *Hackers：Heroes of the Computer Revolution*. O'Reilly.

Lewis, D., and S. Liebrand. 2014. What is #DIYPS（Do–It–Yourself Pancreas System）? Accessed December 30, 2015. http：//diyps.org/.

Lilien, G. L., P. D. Morrison, K. Searls, M. Sonnack, and E. von Hippel. 2002. Performance assessment of the lead user idea–generation process for new product development. *Management Science* 48（8）：1042–1059.

Lin, L. 2008. Impact of user skills and network effects on the competition between open source and proprietary software. *Electronic Commerce Research and Applications* 7

（1）: 68–81.

Linebaugh, K. 2014. Citizen hackers tinker with medical devices. *Wall Street Journal*, September 26, 2014. Accessed December 15, 2015. http: //www.wsj.com/articles/ citizen–hackers–concoct–upgrades–for–medical–devices–1411762843.

Lounsbury, J. W., N. Foster, H. Patel, P. Carmody, L. W. Gibson, and D. R. Stairs. 2012. An investigation of the personality traits of scientists versus nonscientists and their relationship with career satisfaction. *R & D Management* 42（1）: 47–59.

Lucas, R. E., E. Diener, A. Grob, E. M. Suh, and L. Shao. 2000. Cross–cultural evidence for the fundamental features of extraversion. *Journal of Personality and Social Psychology* 79（3）: 452–468.

Lüthje, C., C. Herstatt, and E. von Hippel. 2005. User innovators and "local" information: The case of mountain biking. *Research Policy* 34（6）: 951–965.

MacCormack, A., J. Rusnak, and C. Y. Baldwin. 2006. Exploring the structure of complex software designs: An empirical study of open source and proprietary code. *Management Science* 52（7）: 1015–1030.

Machlup, F., and E. Penrose. 1950. The patent controversy in the nineteenth century. *Journal of Economic History* 10（1）: 1–29.

Manz, C. C., and H. P. Sims, Jr. 1987. Leading workers to lead themselves: The external leadership of self–managing work teams. *Administrative Science Quarterly* 32（1）: 106–129.

Marx, M., D. Strumsky, and L. Fleming. 2009. Mobility, skills, and the Michigan non-compete experiment. *Management Science* 55（6）: 875–889.

Mauss, M. 1966. *The Gift: Forms and Functions of Exchange in Archaic Societies*. Trans. Ian Cunnison. Cohen & West. Originally published in 1925 as Essai surle don. Forme et raison de l'échange dans les sociétés archaïques in L'Année Sociologique.

McCrae, R. R., and P. T. Costa. 1987. Validation of the five–factor model of personality across instruments and observers. *Journal of Personality and Social Psychology* 52（1）: 81–90.

McCrae, R. R., and P. T. Costa. 1997. Personality trait structure as a human universal.

American Psychologist 52（5）：509–516.

McCrae, R. R., and O. O. John. 1992. An introduction to the five–factor model and its applications. *Journal of Personality* 60（2）：175–215.

Merges, R. P., and R. R. Nelson. 1994. On limiting or encouraging rivalry in technical progress：The effect of patent scope decisions. *Journal of Economic Behavior & Organization* 25（1）：1–24.

Meyer, P. B. 2012. Open technology and the early airplane industry. Paper presented at annual meeting of Economic History Association, Vancouver, BC. Accessed January 30, 2016. http：//www.law.nyu.edu/sites/default/files/ECM_PRO_069779.pdf.

Mollick, E. 2014. The dynamics of crowdfunding：An exploratory study. *Journal of Business Venturing* 29（1）：1–16.

Morrison, P. D., J. H. Roberts, and D. F. Midgley. 2004. The nature of lead users and measurement of leading edge status. *Research Policy* 33（2）：351–362.

Morrison, P. D., J. H. Roberts, and E. von Hippel. 2000. Determinants of user innovation and innovation sharing in a local market. *Management Science* 46（12）：1513–1527.

Muchinsky, P. M., and C. J. Monahan. 1987. What is person–environment congruence? Supplementary versus complementary models of fit. *Journal of Vocational Behavior* 31（3）：268–277.

Murray, F., and S. Stern. 2007. Do formal intellectual property rights hinder the free flow of scientific knowledge? An empirical test of the anti–commons hypothesis. *Journal of Economic Behavior & Organization* 63（4）：648–687.

Murray, F., P. Aghion, M. Dewatripont, J. Kolev, and S. Stern. 2009. Of Mice and Academics：Examining the Effect of Openness on Innovation. Working paper 14819, National Bureau of Economic Research（NBER）, Cambridge MA.

Nagelkerke, N. J. D. 1991. A note on a general definition of the coefficient of determination. *Biometrika* 78（3）：691–692.

Nambisan, S., and R. A. Baron. 2009. Virtual customer environments：Testing a model of voluntary participation in value co–creation activities. *Journal of Product Innovation Management* 26（4）：388–406.

National Federation of Independent Business v. Sebelius. 2012. 132 S. Ct 2566, 2577 （2012）. Opinion of Roberts, C.J., 18. Accessed January 29, 2016. http：//www. supremecourt.gov/opinions/11pdf/11–393c3a2.pdf.

Nelson, R. R. 1959. The economics of invention: A survey of the literature. *Journal of Business* 32（2）: 101–127.

Netcraft.com. 2015. March 2015 Web server survey. Accessed March 29, 2016. http： // news.netcraft.com/archives/2015/03/19/march–2015–web–server–survey.html.

Nightscout project. 2016. Nightscout. Accessed January 14, 2016. http：//www.nightscout. info.

Nishikawa, H., M. Schreier, and S. Ogawa. 2013. User–generated versus designergenerated products: A performance assessment at Muji. *International Journal of Research in Marketing* 30（2）: 160–167.

OECD. 2009. Society at a Glance 2009: OECD Social Indicators. Accessed January 30, 2016. http：//www.oecdbookshop.org/get–it.php?REF=5KZ99FKTLPTB&TYPE=br owse.

OECD. 2015. National Accounts at a Glance. Accessed January 30, 2016. http：//www. keepeek.com/Digital–Asset–Management/oecd/economics/national–accounts–at–a– glance–2015/household–final–and–actual–consumption_na_glance–2015–table8– en#page1.

OECD Guidelines. 2013. Standard concepts, definitions and classifications for household wealth statistics. In *OECD Guidelines for Micro Statistics on Household Wealth*. OECD Publishing; http：//www.oecd.org/statistics/OECD–Guidelines–for–Micro– Statistics–on–Household–Wealth.pdf. Accessed January 30, 2016.

Ogawa, S. 1998. Does sticky information affect the locus of innovation? Evidence from Japanese convenience–store industry. *Research Policy* 26（7–8）: 777–790.

Ogawa, S., and K. Pongtanalert. 2011. Visualizing Invisible Innovation Content: Evidence from Global Consumer Innovation Surveys. Available at SSRN: http：//papers.ssrn. com/sol3/papers.cfm?abstract_id=1876186.

Ogawa, S., and K. Pongtanalert. 2013. Exploring characteristics and motives of consumer innovators: Community innovators vs. independent innovators. *Research Technology Management* 56 (3): 41–48.

Oliar, D., and C. J. Sprigman. 2008. There's no free laugh (anymore): The emergence of intellectual property norms and the transformation of stand–up comedy. *Virginia Law Review* 94 (8): 1789–1867.

Oliveira, P., and E. von Hippel. 2011. Users as service innovators: The case of banking services. *Research Policy* 40 (6): 806–818.

Oliveira, P., L. Zejnilovic, H. Canhão, and E. A. von Hippel. 2015. Innovation by patients with rare diseases and chronic needs. *Orphanet Journal of Rare Diseases* 10 (April Suppl.1): 41.

O'Mahony, S. 2003. Guarding the commons: How open source contributors protect their work. *Research Policy* 32 (7): 1179–1198.

O'Mahony, S. 2007. The governance of open source initiatives: What does it mean to be community managed? *Journal of Management & Governance* 11 (2): 139–150.

O'Mahony, S., and F. Ferraro. 2007. The emergence of governance in an open source community. *Academy of Management Journal* 50 (5): 1079–1106.

Oslo Manual. 2005. *Oslo Manual: Guidelines for Collecting and Interpreting Innovation Data*, third edition. 2005. Statistical Office of the European Communities, Organisation for Economic Co–Operation and Development.PE=browse.

Outdoor Foundation. 2009. A Special Report on Paddlesports 2009: Kayaking, Canoeing, Rafting. Accessed January 20, 2016. http: //www.outdoorfoundation.org/research. paddlesports.html.

Outdoor Industry Foundation. 2006. The Active Outdoor Recreation Economy: A $730 Billion Annual Contribution to the U.S. Economy. Accessed January 20, 2015. http: // www.outdoorindustry.org/images/researchfiles/RecEconomypublic.pdf?26.

Owen, I. 2015. e–Nabling the Future: A Global Network of Passionate Volunteers Using 3D Printing to Give the World a "Helping Hand." Accessed October 11, 2015. http: // enablingthefuture.org/.

Ozinga, J. R. 1999. *Altruism*. Praeger.

Patient Innovation. 2016. Patient Innovation: Sharing solutions, improving life. Accessed January 25, 2016. https: //patient-innovation.com/.

Penning, C. 1998. *Bike History. Die Erfolgsstory des Mountainbikes*. Delius Klasing.

Penrose, E. T. 1951. *The Economics of the International Patent System*. Johns Hopkins University Press.

Perry-Smith, J. E. 2006. Social yet creative: The role of social relationships in facilitating individual creativity. *Academy of Management Journal* 49 (1): 85–101.

Pine, B. J., II. 1993. *Mass Customization: The New Frontier in Business Competition*. Harvard Business School Press.

Pitt, L. F., R. T. Watson, P. Berthon, D. Wynn, and G. Zinkhan. 2006. The penguin's window: Corporate brands from an open-source perspective. *Journal of the Academy of Marketing Science* 34 (2): 115–127.

Poetz, M. K., and M. Schreier. 2012. The value of crowdsourcing: Can users really compete with professionals in generating new product ideas? *Journal of Product Innovation Management* 29 (2): 245–256.

Pongtanalert, K., and S. Ogawa. 2015. Classifying user-innovators: An approach to utilize user-innovator asset. *Journal of Engineering and Technology Management* 37 (July- September): 32–39.

Prügl, R., and M. Schreier. 2006. Learning from leading-edge customers at The Sims: opening up the innovation process using toolkits. *R & D Management* 36 (3): 237– 251.

Raasch, C., C. Herstatt, and P. Lock. 2008. The dynamics of user innovation: Drivers and impediments of innovation activities. *International Journal of Innovation Management* 12 (3): 377–398.

Raasch, C., and E. von Hippel. 2013. Innovation process benefits: The journey as reward. *Sloan Management Review* 55 (1): 33–39.

Ram, K. 2013. Git can facilitate greater reproducibility and increased transparency in science. *Source Code for Biology and Medicine* 8 (1): 1–8.

Ramsar Convention. 1975. 1971. Convention on wetlands of international importance especially as waterfowl habitat, Concluded at Ramsar, Iran, on 2 February 1971 (No. 14583) . *United Nations Treaty Series* 996: 245–267.

Raymond, E. A. 1999. *The Cathedral and the Bazaar: Musings on Linux and Open Source by an Accidental Revolutionary*. O'Reilly.

Riggs, W., and E. von Hippel. 1994. The impact of scientific and commercial values on the sources of scientific instrument innovation. *Research Policy* 23 (4): 459–469.

Riggs, W. M., and M. J. Parker. 1975. Surface analysis by x-ray photoelectron spectroscopy. In *Methods of Surface Analysis*, ed. A. W. Czanderna. Elsevier.

Rivette, K. G., and D. Kline. 1999. *Rembrandts in the Attic: Unlocking the Hidden Value of Patents*. Harvard Business School Press.

Robinson, J. 1933. *The Economics of Imperfect Competition*. Macmillan.

Rodwell, C., and S. Aymé, eds. 2014. 2014 Report on the State of the Art of Rare Disease Activities in Europe. Accessed January 31, 2016. http: //www.eucerd.eu/upload/file/ Reports/2014ReportStateofArtRDActivities.pdf.

Roin, B. N. 2013. Solving the Problem of New Uses. Working paper, MIT Sloan School of Management. Available at SSRN: http: //ssrn.com/abstract=2337821.

Romer, P.M. 1990. Endogenous technological change. *Journal of Political Economy* 98 (5): S71–S102.

Rothmann, S., and E. P. Coetzer. 2003. The big five personality dimensions and job performance. *South African Journal of Industrial Psychology* 29 (1): 68–74.

Sahlins, M. 1972. *Stone Age Economics*. Aldine de Gruyter.

Samuelson, P. 2015. Freedom to tinker. UC Berkeley Public Law Research paper 2605195, University of California, Berkeley. *Theoretical Inquiries in Law*, forthcoming. Available at SSRN: http: //papers.ssrn.com/sol3/Papers.cfm?abstract_id=2605195.

Sandvig, C. 2012. What are community networks an example of? A response. In *Connecting Canadians: Investigations in Community Informatics*, ed. Andrew Clement, Michael Gurstein, Graham Longford, Marita Moll, and Leslie Regan Shade. AU Press, Athabascau University.

Schaffer, C. M., and P. E. Green. 1998. Cluster-based market segmentation: Some further comparisons of alternative approaches. *Journal of the Market Research Society* 40 （2）: 155–163.

Schell, J. 2008. *The Art of Game Design: A Book of Lenses*. Morgan Kaufmann.

Schilling, M. A. 2000. Toward a general modular systems theory and its application to interfirm product modularity. *Academy of Management Review* 25（2）: 312–334.

Schoen, S. D. 2003. EOF—Give TCPA an owner override. *Linux Journal*（116）: 14.

Schreier, M., C. Fuchs, and D. W. Dahl. 2012. The innovation effect of user design: Exploring consumers' innovation perceptions of firms selling products designed by users. *Journal of Marketing* 76（5）: 18–32.

Schumpeter, J. A. 1934. *The Theory of Economic Development: An Inquiry into Profits, Capital, Credit, Interest, and the Business Cycle*. Harvard University Press. Originally published in German in 1912; first English translation published in 1934.

Schweisfurth, T. G., and C. Raasch. 2015. Embedded lead users: The benefits of employing users for corporate innovation. *Research Policy* 44（1）: 168–180.

Scott, W. R. 2001. *Institutions and Organizations: Ideas, Interests, Identities*. SAGE.

Scott, S. G., and R. A. Bruce. 1994. Determinants of innovative behavior: A path model of individual innovation in the workplace. *Academy of Management Journal* 37（3）: 580–607.

Sen, R. 2007. A strategic analysis of competition between open source and proprietary software. *Journal of Management Information Systems* 24（1）: 233–257.

Shah, S. 2000. Sources and Patterns of Innovation in a Consumer Products Field: Innovations in Sporting Equipment. Working paper 4105, MIT Sloan School of Management.

Shah, S. K., and M. Tripsas. 2007. The accidental entrepreneur: The emergent and collective process of user entrepreneurship. *Strategic Entrepreneurship Journal* 1（1–2）: 123–140.

Shapeways. Run your business on Shapeways with 3D printing. Accessed January 14, 2016. https://www.shapeways.com/sell.

Sherwin, C. W., and R. S. Isenson. 1967. Project HINDSIGHT: A Defense Department study of the utility of research. *Science* 156 (3782): 1571–1577.

Shirky, C. 2010. *Cognitive Surplus*: *How Technology Makes Consumers into Collaborators*. Penguin.

Simon, H. A. 1981. *The Sciences of the Artificial*, second edition. MIT Press.

Singer, S., J. E. Amorós, and D. Moska. 2015. *Global Entrepreneurship Monitor*: *2014 Global Report*. Global Entrepreneurship Research Association, London Business School.

Smith, A. 1776; 1976. *An Inquiry into the Nature and Causes of the Wealth of Nations*. University of Chicago Press. Originally published 1776; Edwin Cannan's edition originally published in 1904 by Methuen & Co.

Song, P., J. Gao, Y. Inagaki, N. Kukudo, and W. Tang. 2012. Rare diseases, orphan drugs, and their regulation in Asia: Current status and future perspectives. *Intractable & Rare Diseases Research* 1 (1): 3–9.

Stallman, R. M. 2002. *Free Software Free Society*: *Selected Essays of Richard Stallman*. GNU Press, Free Software Foundation.

Statistics Finland. 2016. Innovation 2014. Science, Technology and Information Society, Helsinki, March 24, 2016. Accessed April 18, 2016. http: //www.stat.fi/til/inn/2014/ inn_2014_2016-03-24_tie_001_en.html.

Steam Workshop. 2016. *Steam Community*: *Steam Workshop*. Accessed January 15, 2016. http: //steamcommunity.com/workshop/.

Stern, S. 2004. Do scientists pay to be scientists? *Management Science* 50 (6): 835–853.

Stock, R. M., P. Oliveira, and E. von Hippel. 2015. Impacts of hedonic and utilitarian motives on the innovativeness of user-developed innovations. *Journal of Product Innovation Management* 32 (3): 389–403.

Stock, R. M., E. von Hippel, and N. L. Gillert. 2016. Impact of personality traits on consumer innovation success. *Research Policy* 45 (4): 757–769.

Stoltz, M. 2015. New "Breaking Down Barriers to Innovation Act" targets many of DMCA Section 1201's problems. Accessed April 18, 2016. https: //www.eff.org/ deeplinks/2015/04/new-breaking-down-barriers-innovation-act-targets-manydmca-section-1201s-problems.

Strandburg, K. J. 2008. Users as innovators: Implications for patent doctrine. *University of Colorado Law Review* 79 (2): 467–544.

Suh, N. P. 1990. *The Principles of Design.* Oxford University Press.

Sung, S. Y., and J. N. Choi. 2009. Do big five personality factors affect individual creativity? the moderating role of extrinsic motivation. *Social Behavior and Personality* 37 (7): 941–956.

Svensson, P. O., and R. K. Hartmann. 2016. Policies to Promote User Innovation: Evidence from Swedish Hospitals on the Effects of Access to Makerspaces on Innovation by Clinicians. Working paper, MIT Sloan School of Management. Available at SSRN: http: //papers.ssrn.com/sol3/papers.cfm?abstract_id=2701983.

Syam, N. B., and A. Pazgal. 2013. Co-creation with production externalities. *Marketing Science* 32 (5): 805–820.

Tadelis, S., and O. E. Williamson. 2013. Transaction cost economics. In *Handbook of Organizational Economics,* ed. Robert Gibbons and John Roberts. Princeton University Press.

Taft, S. L. 2001. *The River Chasers: A History of American Whitewater Paddling.* Flowing Water Press and Alpen Books.

Teece, D. J. 1986. Profiting from technological innovation: Implications for integration, collaboration, licensing and public policy. *Research Policy* 15 (6): 285–305.

Teece, D. J. 1996. Firm organization, industrial structure, and technological innovation. *Journal of Economic Behavior & Organization* 31 (2): 193–224.

Teece, D. J. 2000. *Managing Intellectual Capital: Organizational, Strategic, and Policy Dimensions.* Oxford University Press.

Teixeira, Joaquina. 2014. Balloons at different heights to encourage a child [with Angelman's syndrome] to get up and walk. Accessed on Patient-Innovation.com on January 29, 2016. https: //patient-innovation.com/ condition/angelmans-syndrome?post=466.

Torrance, A. W. 2010. Synthesizing law for synthetic biology. *Minnesota Journal of Law, Science & Technology* 11 (2): 629–665.

Torrance, A. W. 2015. Private communication with author.

Torrance, A. W., and L. J. Kahl. 2014. Bringing standards to life: Synthetic biology standards and intellectual property. *Santa Clara High Technology Law Journal* 30 (2): 199–230.

Torrance, A. W., and E. von Hippel. 2015. The right to innovate. *Detroit College of Law at Michigan State University Law Review* (2): 793–829.

Tseng, M. M., and F. Piller, eds. 2003. *The Customer Centric Enterprise: Advances in Mass Customization and Personalization.* Springer.

Ulrich, K. T., and S. D. Eppinger. 2016. *Product Design and Development,* sixth edition. McGraw–Hill.

UN. 2002. United Nations, European Commission, International Monetary Fund, Organisation for Economic Cooperation and Development, United Nations Conference on Trade and Development, and World Trade Organization. *Manual on Statistics of International Trade in Services.*

Urban, G. L., and J. R. Hauser. 1993. *Design and Marketing of New Products,* second edition. Prentice–Hall.

Urban, G. L., and E. von Hippel. 1988. Lead user analyses for the development of new industrial products. *Management Science* 34 (5): 569–582.

van der Boor, P., P. Oliveira, and F. Veloso. 2014. Users as innovators in developing countries: The sources of innovation and diffusion in mobile banking services. *Research Policy* 43 (9): 1594–1607.

Vargo, S. L., and R. F. Lusch. 2004. The four service marketing myths: Remnants of a goods–based, manufacturing model. *Journal of Service Research* 6 (4): 324–335.

Vissers, G., and B. Dankbaar. 2002. Creativity in multidisciplinary new product development teams. *Creativity and Innovation Management* 11 (1): 31–42.

Von Ahn, L., and L. Dabbish. 2008. Designing games with a purpose. *Communications of the ACM* 51 (8): 58–67.

von Hippel, E. 1982. Appropriability of innovation benefit as predictor of the source of innovation. *Research Policy* 11 (2): 95–115.

von Hippel, E. 1986. Lead users: A source of novel product concepts. *Management Science* 32 (7): 791–805.

von Hippel, E. 1988. *The Sources of Innovation.* Oxford University Press.

von Hippel, E. 1994. "Sticky information" and the locus of problem-solving: Implications for innovation. *Management Science* 40 (4): 429–439.

von Hippel, E. 2005. *Democratizing Innovation.* MIT Press.

von Hippel, E., and S. N. Finkelstein. 1979. Analysis of innovation in automated clinical chemistry analyzers. *Science and Public Policy* 6 (1): 24–37.

von Hippel, E., and R. Katz. 2002. Shifting innovation to users via toolkits. *Management Science* 48 (7): 821–833.

von Hippel, E., and G. von Krogh. 2003. Open source software and the "private-collective" innovation model: Issues for organization science. *Organization Science* 14 (2): 209–223.

von Hippel, E. A., J. P. J. de Jong, and S. Flowers. 2012. Comparing business and household sector innovation in consumer products: Findings from a representative survey in the United Kingdom. *Management Science* 58 (9): 1669– 1681.

von Hippel, E. A., H. J. DeMonaco, and J. P. J. de Jong. 2016, forthcoming. Market failure in the diffusion of clinician-developed innovations: The case of off-label drug discoveries. *Science and Public Policy.* Available at SSRN: http: // papers.ssrn.com/ sol3/papers.cfm?abstract_id=2275562.

von Hippel, E., S. Ogawa, and J. P. J. de Jong. 2011. The age of the consumer innovator. *Sloan Management Review* 53 (1): 27–35.

von Hippel, W., L. E. Hayward, E. Baker, S. L. Dubbs, and E. von Hippel. 2016. Boredom as a spur to innovation. Working paper, University of Queensland, Brisbane.

von Krogh, G., S. Spaeth, and K. R. Lakhani. 2003. Community, joining, and specialization in open source software innovation: A case study. *Research Policy* 32 (7): 1217– 1241.

Walsh, J. P., C. Cho, and W. M. Cohen. 2005. View from the bench: Patents and materials transfers. *Science* 309 (5743): 2002–2003.

Warncke-Wang, M., V. Ranjan, L. Terveen, and B. Hecht. 2015. Misalignment between supply and demand of quality content in peer production communities. In Proceedings of the Ninth International AAAI Conference on Web and Social Media. Accessed on January 31, 2016. http：//www.aaai.org/ocs/index .php/ICWSM/ICWSM15/paper/view/10591.

Warren, S. D., and L. D. Brandeis. 1890. The right to privacy. *Harvard Law Review* 4（5）: 193–220.

Watershed Protection Act. 1954. *Watershed Protection and Flood Prevention Act*, Public Law 83–566, U.S. Statutes at Large 68（1954）: 666.

Webb, D. J., C. L. Green, and T. G. Brashear. 2000. Development and validation of scales to measure attitudes influencing monetary donations to charitable organizations. *Journal of the Academy of Marketing Science* 28（2）: 299–309.

Welch, S. 1975. Sampling by referral in a dispersed population. *Public Opinion Quarterly* 39（2）: 237–245.

West, J., and K. R. Lakhani. 2008. Getting clear about communities in open innovation. *Industry and Innovation* 15（2）: 223–231.

Wicks, P., T. E. Vaughan, M. P. Massagli, and J. Heywood. 2011. Accelerated clinical discovery using self-reported patient data collected online and a patient-matching algorithm. *Nature Biotechnology* 29（5）: 411–414.

Williamson, J. M., J. W. Lounsbury, and L. D. Han. 2013. Key personality traits of engineers for innovation and technology development. *Journal of Engineering and Technology Management* 30（2）: 157–168.

Williamson, O. 1973. Markets and hierarchies: Some elementary considerations. *American Economic Review* 63（2）: 316–325.

Williamson, O. E. 1985. *The Economic Institutions of Capitalism.* Free Press.

Williamson, O. E. 2000. The new institutional economics: Taking stock, looking ahead. *Journal of Economic Literature* 38（3）: 595–613.

Willis, N. 2007. Lessons learned from open source Xara's failure. Linux.com: News for the Open Source Professional. Accessed June 12, 2016. https：//www .linux.com/news/

lessons-learned-open-source-xaras-failure.

Winston Smith, S., and S. K. Shah. 2013. Do innovative users generate more useful insights? An analysis of corporate venture capital investments in the medical device industry. *Strategic Entrepreneurship Journal* 7 (2): 151–167.

Winter, S. G. 2010. The replication perspective on productive knowledge. In *Dynamics of Knowledge, Corporate Systems and Innovation,* ed. Hiroyuki Itami, Ken Kusunoki, Tsuyoshi Numagami, and Akira Takeishi. Springer.

Wolfradt, U., and J. E. Pretz. 2001. Individual differences in creativity: Personality, story writing, and hobbies. *European Journal of Personality* 15 (4): 297–310.

Wörter, M., K. Trantopoulos, E. von Hippel, and G. von Krogh. 2016. The Performance Effects of User Innovations on Firms. Working paper, ETH Zurich.

Wunsch-Vincent, S., and G. Vickery. 2007. Participative web: User created content. Report prepared for Working Party on the Information Economy, Organization for Economic Co-Operation and Development, and Directorate for Science Technology and Industry. Accessed January 15, 2016. http: //www.oecd.org/sti/38393115.pdf.

Yee, N. 2006. Motivations for play in online games. *Cyberpsychology & Behavior* 9 (6): 772–775.

Zajonc, R.B. 1968. Attitudinal effects of mere exposure. *Journal of Personality and Social Psychology* 9 (2): 1–27.

Zeithaml, V., and M. J. Bitner. 2003. *Services Marketing: Integrating Customer Focus Across the Firm*, third edition. McGraw-Hill.

Zhao, H., and S. E. Seibert. 2006. The big five personality dimensions and entrepreneurial status: A meta-analytical review. *Journal of Applied Psychology* 91 (2): 259–271.

Zicherman, G., and C. Cunningham. 2011. *Gamification by Design: Implementing Game Mechanics in Web and Mobile Apps.* O'Reilly Media.